何谓好生活？

EIGHT THEORIES OF ETHICS

伦理学的回答

戈登·格雷厄姆（Gordon Graham） —— 著

涂江波 —— 译

中国人民大学出版社
·北京·

本译著受 2020 年度教育部人文社会科学研究青年基金项目"二十世纪欧美主要伦理学家对康德义务论的批评与重构研究"（编号：20YJC720020）资助

前　言

　　大多数初次接触哲学的人对它知之甚少。尽管如此，他们往往会有一种先入之见，即认为哲学应该提出和回答关于如何生活、什么东西是善的和恶的以及人生的"意义"是什么之类的基本问题。然而，他们在开始学习时读的哲学书似乎很少与这些主题直接相关，由此他们得出结论：他们对哲学的先入之见是错误的。有时结果是，新手们发现了对"学术"哲学的新兴趣，而抛弃了他们以前的兴趣；或者，他们带着失望的心情放弃哲学，转向更"通俗"的作品，这些作品出自很少或根本没有接受过正式哲学训练的作家之手，又或者，转向以另一种方式帮助他们理解其最初兴趣的文学作品。

　　这两种结果都是令人遗憾和毫无必要的。认为哲学家仅仅关心甚至主要关心哲学通常应该解决的问题，这的的确确是错误的。然而，流行的哲学观念也并非完全错误。从柏拉图到维特根斯坦，西方哲学中许多伟大的人物都想知道"好生活"包括什么，是什么使它好,以及它如此这般是否具有什么重大意义。与此同时,这些问题并没有通过单纯的个人思考得到很好的回答,无论这些思考多么真诚,就像人们在书中发现的那样,作者仅仅是为了阐明"我的哲学"(my philosophy)。两千年的哲学探究已经表明,围绕着"价值"和"意义"这些主题有大量复杂的问题,理解它们需要做出相当大的心智努力。当然,与此同时,人类历史上一些极为优秀的头脑就这些主题撰写了许多哲学著作。

本书的目的是努力帮助读者解决这些问题,使他们的头脑在关注"我们应该如何生活"以及"我们的生活是否具有终极意义"时保持清晰,同时让他们熟悉哲学中的"大"人物的思想。换句话说,它的目的是要表明,真正的哲学是探究具有道德重要性的事项的最佳途径。

本书中一些章节的早期版本是于十多年前写就并作为教科书出版了的。在劳特里奇出版社的托尼·布鲁斯(Tony Bruce)的建议下,这些章节现在已经做了彻底修改,并添加了其他内容,以成为一本实际上有着不同名字的新书的组成部分。我很感谢他激励我进行这项研究,也感谢他让我有机会向广大读者介绍道德哲学,我认为这是我的职责所在。

戈登·格雷厄姆

阿伯丁大学国王学院(King's College,Aberdeen)

2003 年 8 月

关于拓展阅读的说明

本书每一章后面都附有拓展阅读建议。所列条目分为原始文献、评论和当代讨论。我尽量列举最"对读者友好"(reader friendly)版本的原始文献。评论部分通常包括一些中肯的介绍性材料，但也包括一些深入的评论，这些评论将为更进一步的研究提供素材，对于初学者来说，其中一些读起来可能不会太轻松。在当代讨论部分中列出的著作旨在引导读者了解专业哲学家目前正在研究的最新材料。

拓展阅读建议所列的所有条目详细信息以及文中援用或提及的著作，几乎都可以在书末的参考文献中找到。

目 录

第一章　伦理学、真理与理性 …………………………………… 1
　　相对主义与主观主义 ………………………………………… 3
　　道德实在论 …………………………………………………… 8
　　道德理性主义 ………………………………………………… 12
　　客观主义 ……………………………………………………… 16
　　拓展阅读建议 ………………………………………………… 18
第二章　利己主义 ………………………………………………… 20
　　工具价值与内在价值 ………………………………………… 20
　　利己主义、主观主义与自我中心 …………………………… 24
　　心理利己主义 ………………………………………………… 27
　　理性利己主义 ………………………………………………… 29
　　尼采与权力意志 ……………………………………………… 32
　　欲望与利益 …………………………………………………… 43
　　拓展阅读建议 ………………………………………………… 46

第三章　享乐主义 ······ 47
- 昔勒尼学派 ······ 48
- 伊壁鸠鲁学派 ······ 51
- 密尔论高级快乐和低级快乐 ······ 52
- 施虐者的快乐 ······ 56
- 亚里士多德论快乐 ······ 59
- 拓展阅读建议 ······ 63

第四章　自然主义与德性论 ······ 64
- 理性的动物 ······ 65
- 对人类而言的"好" ······ 68
- 伦理学与社会生物学 ······ 70
- 德性论 ······ 74
- 作为规范的"自然" ······ 76
- "对人好的"就好吗？······ 80
- 自然之善与自由 ······ 82
- 小结 ······ 83
- 拓展阅读建议 ······ 85

第五章　存在主义 ······ 86
- 克尔凯郭尔与存在主义的起源 ······ 86
- 萨特与彻底的自由 ······ 92
- 痛苦与自欺 ······ 96
- 存在的荒谬 ······ 101
- 真诚行事 ······ 103
- 价值的创造 ······ 106
- 彻底的自由 ······ 111
- 小结 ······ 116

拓展阅读建议 …………………………………… 117
第六章　康德主义 ………………………………………… 119
　　德性与幸福："过得好"与"做得对" ………… 119
　　康德与"善良意志" …………………………… 123
　　大卫·休谟与实践理性 ………………………… 128
　　假言命令与定言命令 …………………………… 132
　　纯粹实践理性与道德律 ………………………… 135
　　普遍化 …………………………………………… 138
　　康德哲学概要 …………………………………… 140
　　行为、意图与结果 ……………………………… 141
　　普遍化检验 ……………………………………… 143
　　为义务而义务 …………………………………… 148
　　拓展阅读建议 …………………………………… 153
第七章　功利主义 ………………………………………… 155
　　功利主义与最大幸福原则 ……………………… 156
　　杰里米·边沁 …………………………………… 158
　　利己主义、利他主义与普遍化的仁爱 ………… 162
　　行为功利主义与规则功利主义 ………………… 163
　　功利主义与后果主义 …………………………… 166
　　确定后果 ………………………………………… 168
　　行为评估与行为时效 …………………………… 170
　　后果主义与自发性 ……………………………… 173
　　行为与规则 ……………………………………… 174
　　小结：目的证明手段正当？ …………………… 178
　　幸福的本质 ……………………………………… 180

衡量幸福 …………………………………………………… 181
　　　分配幸福 …………………………………………………… 184
　　　密尔的"证明"与偏好功利主义 ………………………… 187
　　　动机与无限度的道德准则 ………………………………… 191
　　　拓展阅读建议 ……………………………………………… 194

第八章　契约主义 ………………………………………………… 196
　　　协议的效力 ………………………………………………… 197
　　　约翰·洛克与"默认"同意 ……………………………… 199
　　　约翰·罗尔斯与"假设"同意 …………………………… 202
　　　霍布斯与实践理性的规定 ………………………………… 205
　　　政治、道德与宗教 ………………………………………… 209
　　　拓展阅读建议 ……………………………………………… 211

第九章　伦理学、宗教与人生的意义 …………………………… 213
　　　迄今为止的争论 …………………………………………… 213
　　　道德的权威 ………………………………………………… 217
　　　上帝的存在与"恶"的问题 ……………………………… 219
　　　宗教知识的问题 …………………………………………… 222
　　　游叙弗伦困境 ……………………………………………… 224
　　　宗教经验与宗教实践 ……………………………………… 228
　　　西绪弗斯神话 ……………………………………………… 231
　　　主观价值与客观意义 ……………………………………… 235
　　　宗教视角 …………………………………………………… 238
　　　重新审议三大难题 ………………………………………… 241
　　　客观与主观的统一："哪里可以找到真正的快乐" ……… 245
　　　拓展阅读建议 ……………………………………………… 248

参考文献 …………………………………………………………… 250

第一章　伦理学、真理与理性

这是一本关于伦理学、关于人类生活中的是非好坏的书。只是，我们真的能分辨道德上的对错吗？许多人认为，道德与科学不同，科学研究的是事实，而道德关涉的是价值，对后者我们只能有个人意见。根据这一观点，就不存在任何道德事实，这解释了为什么人们在道德问题上分歧会如此之大。科学是客观的，而道德本质上则是主观的。

以上所说的是一种非常普遍的伦理学观点，也是一个非常古老的观点。事实上，作为一种知识探究，道德哲学可以说起源于一场关于其真假的辩论。最早的哲学大全——柏拉图的对话录——就对道德的主观性或客观性问题有所聚焦。在其中的几则对话中，柏拉图构想了他的老师苏格拉底和古代雅典各个著名人物之间的戏剧性对话——这些人中的许多人被称为"智者"（Sophists）。智者们是这样一群思想家，他们认为事实世界和价值世界——用希腊语来说就是 physis（自然）和 nomos（规约）——之间存在着根本的区别：当涉及价值问题时，真和假的概念就派不上任何用场了。此处的言外之意是，在伦理学中，没有像在科学和数学中那样证明和论证的余地；伦理上的"辩论"（argument）只是一个修辞问题，也就是说，"说服"（persuading）人们相信你所相信的，而不是向他们"证明"（proving）你所持有的信念是真的。

在柏拉图的对话录之外，我们对历史上的苏格拉底所知甚少，但是在将苏格拉底描绘成极力反对智者的人时，柏拉图似乎忠实还原了他的这位著名老师的观点。当然，无论苏格拉底如何，柏拉图本人都相信并非常敏锐地论证了关于好与坏确实有正确与错误的答案，我们可以运用我们的推理能力来找寻这些答案。他进一步认为，要获得正确的答案需要一定程度的专业知识，而哲学在获取那种专业知识方面发挥着重要作用。

苏格拉底（或柏拉图）和智者之间的这一议题，可表述为关于道德客观性的分歧。智者们认为，好与坏、对与错，反映了主观的意见和欲望，亦即我们作为人类和作为个人对事物的感受。柏拉图和苏格拉底则认为，好与坏、对与错，是事物客观本质的一部分，亦即我们周遭世界的真实样貌。伴随着这场辩论，西方传统道德哲学拉开了序幕。

柏拉图和智者之间的历史争议远比这个简短的总结丰富〔例如，智者普罗泰戈拉（Protagoras）被更恰当地描述为一个相对主义者而不是主观主义者〕，但提及它的目的并不是要介绍一项对古代世界的研究，而是要在伦理学的思想起源和与之非常相似的当代论争之间建立起一种联系。当今天的学生（和其他人）首次思考伦理问题时，他们通常倾向于认为道德本质上是主观的。这与其他历史时期形成了鲜明的对比——彼时大多数人都会持相反的观点，认为就像科学有规律一样，道德也有规律，它们完全独立于人类的喜恶来规定对与错。

当然，这样的说法过于简单化了。正如智者的存在所表明的那样，过去有人是主观主义者，而现在很多人是客观主义者——即使不是明确的，至少也是含蓄的。例如人权活动家和环保人士，他们通常认为，人权和环境价值产生了普遍和不可避免的义务。因此，主观主义和客观主义都是"活生生的"（live）哲学取向，这意味着如果要在它们之间做出理性的抉择，我们就必须考虑支持和反对某一立场的理由。而一旦这样做了，我们就开启了哲学思考。但关键问题是：哪种观点是正确的呢？

相对主义与主观主义

很多人认为道德的主观性显而易见。若果真如此，就可以相对容易地给出支持主观主义观点的充分理由。这些理由可能是什么？其中最常被援引的有三个。第一，人们持有各种相互冲突的道德观点；第二，他们这样做是因为无法证明一种道德观点优于另一种道德观点；第三，这种证明是不可能的，因为没有可观察到的道德"事实"（facts）。那么，评估主观主义合理性的方法之一就是质询这些主张的真实性，以及如果它们确实为真，则它们实际上意味着什么。

现在，第一个主张——人与人之间存在严重的道德分歧——很难被否认。这并不仅仅是个人意见不合的问题，自古以来，人们就注意到这样的分歧存在于所有文化之中。例如，古希腊历史学家希罗多德（Herodotus）讲述了一则逸事：波斯国王要求希腊人和卡拉提亚人（Callatians）采用彼此的葬礼习俗，这引起了他们的恐慌。希腊人认为焚烧死者的尸体是正当且合理的，卡拉提亚人却认为这是大忌。但是，相形之下，由于火在希腊和波斯烧起来都是一样的，因而希罗多德的意思其实是，相对于文化背景而言，道德实践不同于物理现象。虽然自然法则在任何地方都是一样的，但行为准则却因地而异。

这个例子常常被用来说明所谓"道德相对主义"的立场，这一取向坚信，伦理观念总是相对于某种特定文化或其他人而言的。也就是说（继续这个例子），火化死者对希腊人来说是正确的，但对卡拉提亚人来说是错误的。言下之意是，二者本质上没有对错之分，或者说没有任何普遍的对或错。但是，为何要止步于"人群"之间的差异呢？个体之间也存在这种差异。让一个人切实感到恐慌的事情，却很能够为另一个人接受。所谓"主观主义"，实际上只是相对主义从社会群体层面到个体层面的延伸而已。而如果道德分歧在个体层面被相对化，则似乎表明，一旦涉及伦理，就没有什么有待发现的事实真相。

在我们自己的时代和文化中，不难找出导致人们得出这种主观主义结论的例子。现代西方世界最棘手的道德问题之一是堕胎。虽然就什么医疗程序会导致堕胎这一问题，每个人都能很容易达成一致，但在堕胎道德上是对是错的问题上，却似乎没有任何类似的共识。也就是说，在堕胎问题上，人们很容易就相关医学事实达成一致，而在医学伦理上则不然。除此之外，好像还可以轻而易举地举出更多的例子。例如，每个人都能够就不同死刑方法的相对有效性达成一致意见，比如注射致死和电椅致死。而他们无法达成一致的是，这两种方法在道德上是否正当。

无论如何，前述状况至少在表象上确乎如此。然而，表象却并非事实。在道德问题上的意见分歧真的比在医学或科学问题上的意见分歧大得多吗？值得一提的是，尽管道德分歧有目共睹，但可以说，在当代世界，实际上也有许多道德共识。例如，很难找到这样一个人——他会认为强奸、谋杀或盗窃是好事，或认定诚实、忠诚和慷慨是坏事；每个人都谴责奴隶制、对儿童的性骚扰和在体育运动中作弊。这并不是说没有骗子和猥亵儿童者，甚至也不是说没有奴隶，只是没有人公开承认这些事情并以此为荣。这使得它们与让希罗多德印象深刻的例子有所不同。雅典人和斯巴达人对自己的行事方式感到自豪，而对其他人的相反做法感到惊骇。通常，猥亵儿童者不会对他们所做的事情感到应有的恐惧，但他们也不会公开以这种另类的生活方式为荣；在那些相对罕见的情况下，他们似乎一点也不为自己的异常行为感到羞愧，而这往往是精神疾病的某种迹象。

因此，道德上的不同意见可能会被夸大。虽然堕胎、安乐死和死刑确实是许多争论和分歧的主题，但事实上，在很多问题上几乎没有道德分歧。而在相反的方向上可以得出类似的观点，即科学或事实的"共识"程度可能被夸大了。自然科学在其历史上的每一个阶段，包括现在，都以专业从业者之间的根本分歧为标志。科学界的伟大人物——培根、牛顿、达尔文、爱因斯坦，通常很难让其想法为人接受；此外，日常的科学实践也表现为人们不断声称要否定和反驳对方。更重要的是，科学史揭示了跨越时代的巨大分歧。艾萨克·牛顿爵士的力学完全取代了曾经主宰科学许多世纪的亚里士多德物理学；两个多世纪后，牛顿力学又让位于爱因斯坦的相对论。事实上，这是意料之中的。科学存活于一代人对上一代人的假说的异议中。

尽管如此，可以说科学和伦理学之间仍然存在着显著差异。爱因斯坦不仅不同意牛顿的观点，还证明了牛顿的观点是错的。科学不仅仅在"改变"，还在"进步"。相比之下，在伦理和道德方面，尽管观点有所"改变"，它们却没有"进步"。这是因为它们没有被证明或证否的可能，有的只是分歧。道德观点无法得到确凿的证明或证否。在这里，我们得见主观主义者倾向于支持其观点的第二个理由——不存在所谓的道德证明。

有时，哲学家们觉得这种主张为他们提出一些道德证明带来了挑战，但他们在此方面确实少有成效，因为这样的"证明"总是有争议的，而且对大多数人而言，他们提供的这些"证明"通常都无法令人信服。对这第二个主观主义观点的更有效的回应，是提请人们注意这样一个事实：所谓的恰当证明（proof properly），似乎不仅在道德上，而且在几乎所有情况中都是缺乏的。道德不可能被证明，这只是它的一个特别显著的特征——如果说大多数其他领域的人类话语都能够被证明的话。然而，其他领域也并非如此。在数学和逻辑中可能存在形式证明的空间（尽管值得我们注意的是，即使是数学家和逻辑学家也可能并确实不同意这一点），而一旦超出数学和逻辑领域，我们似乎就很难得到确凿的证明了。例如，在法律中，对于证明的确定说辞，实际的标准也不是绝对的或确凿的证明，而仅仅是查实一个排除了合理怀疑的案件。在刑事案件中是如此，在那些依据对可能性的权衡来支持当事人的主张的民事案件中，所谓的"证明"甚至更弱。现在，如果我们将类似的"证明"

概念应用于道德领域,那么,不可能有道德"证明"这件事就不会显得那么突兀了,因为经常出现这种情况,当一些人决定对某些道德观点或其他观点提出异议时,他们似乎确实超出了"合理怀疑"的范围。要证明某些道德信念是错误的,也许不可能,但这并不意味着它不能被证明是不合理的。

当我们越过逻辑和法律,将目光投向需要做事实性考察的其他领域尤其是历史时,可以更加清晰地认识到,缺少证明并非伦理学所独有。我们暂且考虑一个简单的例子:亨利八世(Henry Ⅷ)与安妮·博林(Anne Boleyn)结婚是在一周中的哪一天?这是不可能得到确凿证明的,因为能够确定这一事件的证据(教堂记录等)都已经不在了。然而,那一天发生的事情则是毫无疑问的事实,由此我们可以得出这样的结论:即使是简单明了的事实问题也不是总能得到证明的。

一般的观点是,伦理或道德的信念和主张只有在证明不被承认时才引人注目——如果它们在这方面与其他类型的信念有显著不同的话。但是,正如我们刚才观察到的,情况并非如此。有许多事实问题是不可能被证明的。刚才所举的亨利八世与安妮·博林结婚只是其中一例,历史研究其实提供了无数例子,而诸如地貌学、气候学和生理学等自然科学也一样。最后一个冰盖延伸到了哪里?全球变暖的假说是否正确?导致运动神经元疾病的原因是什么?这些都是令人困惑和有争议的问题。认为与道德问题相比,这些事实问题肯定会得到见多识广、客观公正的人的一致同意,这样的想法不仅是错误的,而且是肤浅的。在同一领域内同样见多识广、经验丰富的人之间往往会产生深刻的分歧,即使是最出众的人也常常承认自己的不确定和无知。

然而，面对这些关于人类探究的不同途径是如何实际进行的提醒，道德主观主义者不太可能承认自己被挫败了。他们会争辩说，其间仍有一个关键区别。虽然在历史学、地貌学、医学等领域确实存在无法解决的分歧，但这是偶然事件，不过是碰巧如此而已。历史事实和科学事实"原则上"可以被揭示，可以通过这样或那样的方式去证明实情。我们碰巧不知道亨利八世和安妮在一周的哪一天结婚，但我们原则上"能够"知道。而与此同时，在道德问题上分歧在原则上也是无法证明的。这是因为，不存在所谓的道德事实。

道德实在论

正是基于这第三个主张，"主观主义"有时被更专业的术语称为"非认知主义"（non-cognitivism），意思是"不是知识问题"。一些人认为是对的事，另一些人认为是错的，当然，双方都可能会大谈特谈他们的道德分歧，就好像它是一场关于事实、事情真相的争论。但是，根据非认知主义者的观点，它并非如此。在哲学史上，对这一观点最著名的表达和支持来自18世纪苏格兰哲学家大卫·休谟（David Hume）。

以蓄意谋杀这一公认为罪恶的行为为例。你从各个方面检视它，看看能否发现你称之为罪恶的事实或真实的存在。无论在哪一方面，你都只能找到某些激情、动机、意志和思想。此中再没有其他事实。你只要是在考虑这个对象，就完全发现不了恶。你永远都找不到它，除非你将反思转向自己的内心，发现你心中产生了一种对这一行为的反对情绪。这是一个事实,但它是情感的对象,而不是理性的对象。它就在你自身内,而不是在对象中。

(休谟《人性论》,1967:484)

休谟在此反对的观点通常被称为"道德实在论"(moral realism)。这种理论认为,如邪恶与慷慨之类的道德价值,是人及其行为的实在属性,就像硬和软是物理对象的属性一样。现在,这种观点面临着的一个主要问题是:如果真有这样的道德属性,那么与普通的、日常的物理属性相比,它们肯定是"怪异的"(queer)——这是哲学家约翰·麦基(J. L. Mackie)的著名说法。

人们通常会举出这种"怪异"的三个方面。第一,虽然像光与暗、热与冷、响亮与轻柔、甜与酸等属性可以通过视觉、听觉、触觉和味觉来发现,但我们无法看到、听到或感觉到对与错、好与坏。第二,正如吉尔伯特·哈曼(Gilbert Harman)曾经指出的,即使我们可以观察到道德属性,它们仍然与物理属性(如热和冷)有所不同。因为,物理属性可以用于解释我们为什么观察它们,而道德属性似乎并非如此。

> 观察(observation)在科学中发挥着作用,而在伦理学中似乎没有发挥。不同的是,你需要对特定物理事实做出假设,以解释支持某种科学理论的观察的发生,但你似乎不会对任何道德事实做出假设去解释所谓道德观察的发生……似乎你只需要对心理学或进行道德观察的人的道德感做假设。在科学案例中,理论在经受世界的检验。

(哈曼《道德的本质》,1977:6)

哈曼的看法（和例子）是这样的。设想我看到男孩们将猫放在火上烤。要解释我对火焰热量的感觉，那里必须有热量才行。而与此同时，要解释我的道德厌恶感，则只需要诉诸我的道德信仰，世界上不必有任何"道德恐惧"在那里让我去感觉。

对所谓道德属性的第三个异议是休谟提出来的，最近由约翰·麦基做了更多阐发。休谟认为对属性的感知是"惰性的"（inert）。也就是说，仅仅看到或听到某物本身并不会导致行动。但道德的本质是行动——推崇和遵循行为准则。由此看来，似乎可以认为，如果道德"属性"确实存在的话，它缺乏的正是我们想要的东西——哲学家们有时称之为"行动引导力"（action guiding force）。麦基是这么说的：道德推理必须得出"权威的规定性结论"，但如果"我们问了笨拙的问题，我们如何才能意识到这种权威性的规定……我们对感官知觉的平常解释都不……会提供一个令人满意的答案"（麦基《伦理学：发明对与错》，1977：39）。你确实不能"看出"你应该做什么。

这第三点与一个被广泛称为"自然主义谬误"（the naturalistic fallacy）的问题密切相关。我们要再一次感谢大卫·休谟，他就这个问题提供了最著名的阐述之一。在前引《人性论》（*A Treatise of Human Nature*）那一节的末段，他说：

> 我忍不住要为这些推论加上一个观察，这一观察也许会被发现是相当重要的。我一向注意到，在迄今为止我所遇到的每一个道德体系中，作者在一段时间内是以平常的方式进行推理的……；直到突然间，我惊奇地发现，替代了通常的命题连接词——"是"和"不是"，我所遇到的无一不是由"应该"

或"不应该"联系起来的命题。这种变化是难以察觉的,但却导致了最终的后果。

(休谟《人性论》,1967:469)

休谟认为,试图从"是"(is)中推导出"应该"(ought),这在逻辑上是无效的,事实陈述本身不能具有规范性含义。如果是这样的话,那么指涉"实在的"(real)道德属性的命题就不能为行动提供理性依据,因为它们是对世界"是"如何的描述,我们无法从中推断出世界"应该"如何。实际上,道德实在论者的处境比这更糟,因为根据自然主义谬误的另一个说法,我们甚至不能从"是"和"不是"中推断出"好"与"坏"。对此,可以通过所谓的"开放问题论证"(open question argument)来展示。对于任何自然属性,问"它'好'吗?"总是讲得通的,而"这个问题总是讲得通的"这一事实表明,"好"和"坏"不可能是类似于"硬"和"软"那样的自然属性的名称。例如,假设某人声称幸福是一种天然的好东西。对此,我们总能感到疑惑,总能问:"幸福'好'吗?"而如果幸福本身"好",那么这一问题将和"幸福使人快乐吗?"这个问题一样讲不通。但是,这又的的确确讲得通,因此我们必须得出结论,"好"不是幸福的一种属性。

这个自然主义谬误的说法是由20世纪剑桥哲学家G. E. 摩尔(G. E. Moore)在一本名为《伦理学原理》(*Principia Ethica*)的非常有影响的著作中系统阐述的。并非所有人都被"开放问题论证"说服,但即便它是一个好的论证,它也并不必然等价于对道德实在论的证伪。奇怪的是,摩尔本人其实是某种道德实在论者,他相信存在道德属性。对于自己系统阐述的难题,他的回应是宣称

"善"是一种"非自然的"属性，就像"黄色"这样的颜色一样难以定义。我们不能给"黄色"下一个定义，使其能够让我们将所有黄色的东西归在一起，我们只是看到黄色的东西具有黄色的共性。与此类似，摩尔认为，通过一种特殊的道德直觉能力，我们只是"看到"事物具有难以定义的"善"的属性，在《伦理学原理》中，他列举了一些他认为具有这种非自然属性的主要事物。

有一段时间，摩尔的观点被认为是有说服力的，但大多数哲学家却可能会认为，在对自然主义谬误的分析中，摩尔虽然确认了道德实在论的一大难点，然而他不过是借诉诸非自然属性和直觉能力使自己陷得更深。如果自然主义谬误表明，我们不能通过一般知觉的方式从自然事实中推断出价值判断，那么引入"非自然"事实和一种特殊的评价性"直觉"就会简单地让整个问题蒙上神秘的色彩。

道德理性主义

无论如何，需要有不同的思路。在《人性论》中，休谟考虑了理性可以在其中运用的两个领域——"事实问题"和"观念关系"。前者是我们迄今一直关注的一个领域。是否存在我们能够感知和指涉的道德事实问题？道德实在论者想回答"是"，但这样做似乎有很大的障碍。那么，"观念之间的关系"呢？在使用这一表述时，休谟显然考虑到了数学和逻辑。例如，"2＋2＝4"是千真万确的，但这不是我们睁开眼睛就能看到或者把手放在上面就能摸到的东西。现在，休谟假设道德判断不可能是这样的，但这一假设可能会受到我们的质疑。考虑一下这个小论证：

1. 你承诺偿还你借的钱。
2. 承诺应该得到遵守。

因此

3. 你应该偿还你借的钱。

从逻辑的观点看，这个论证是有效的。也就是说，任何接受前提（命题1和命题2）的人在逻辑上都不得不接受结论。但是，由于结论（命题3）采取了道德规范的形式——一个告诉我们什么是道德上的正确做法的命题，与休谟和一般的主观主义者相反，似乎我们能够在推理的基础上得出道德结论。

当然，有人会回应说，这类例子证明不了什么，因为虽然第一个前提（你承诺偿还你借的钱）——一个关于已发生的事情的声明——是事实，但第二个前提（承诺应该得到遵守）却不是。第二个前提是一个道德原则，在论证对象不得不接受结论之前，他或她必须认同这一原则。

目前看来这似乎是有道理的。"承诺应该得到遵守"听起来确实像一个道德原则，并且，如果反对道德实在论的论据是正确的，我们就不得不同意，承诺不能被理解为关于某些特殊类型的道德属性的一个事实主张——"得到遵守"。不过，我们还是可以认为，在某种程度上，这第二个前提以类似于一个数学命题的方式，基于"观念之间的关系"的理由而成立。也就是说，如果你理解了"承诺"概念，理解了"义务"的意思，你将不得不同意承诺应该得到遵守。换句话说，"做出承诺"的观念和"必须遵守你的承诺"的观念是相关的。因此，可以说，"承诺应该得到遵守"原则表达了观念之间的关系。

这并不是休谟心目中的那种关系。他认为，观念之间的关系总是以分析式真理（analytic truths）的形式或者凭定义为真的命题的形式出现。但是，做出承诺和必须遵守承诺之间的关系要比这复杂得多，美国哲学家约翰·塞尔（John Searle）在一篇非常著名的文章《如何从"是"推导出"应该"》（How to Derive "Ought" from "Is"）中对此进行了详细探讨。塞尔区分了规制性规则（regulative rules）和构成性规则（constitutive rules）。

> 一些规则预先规制了行为的存在形式。例如，礼貌的就餐行为规则规制着饮食活动，但饮食活动独立于这些规则而存在。与此同时，一些规则不仅规制而且创造或定义了行为的新形式。例如，棋类规则不仅规制了一种先前存在的叫作下棋的活动，它们……还为……那种活动……创造了可能性，婚姻、金钱和许诺的制度就像棒球或棋类的制度，因为它们都是这样的构成性规则体系。
>
> （塞尔《如何从"是"推导出"应该"》，富特编《伦理学理论》，1967：112）

做出承诺的观念与必须遵守承诺的观念并不是通过语言定义的，而是通过一条构成性规则关联在一起的。根据这一解释，休谟所说部分是对的——推理确实涵盖了观念之间的关系；但部分又是错的——道德问题"能够"进行推理，因为至少有些道德原则涉及观念之间的关系。道德实在论者在知觉之上建立起了道德推理的模式，休谟拒绝这种模式，这是正确的。但有一种替代模式，我们可以称之为"道德理性主义"，它将道德推理解释为类似于数学模型的东西。这种解释的优势在于，它认为道德推理与一般推理没有区别。相比于道德实在论需要一种特殊的道德直观或直觉，道德理性主义只需要认为,就像在其他任何事情中一样,在道德中,我们必须注意事实(你确实承诺过),我们必须正确理解概念(承诺做某事会使承诺者承担一项义务),我们必须将我们对事实的了解和对概念的理解结合在逻辑上有效的推理模式中。所有这三个考虑因素都在刚才概述的例子中得到了说明,尽管这是一个简单的推理实例,但可以用同样的方式分析更复杂的事例。因此,在这一构想上,道德推理与在法庭上进行的推理并无不同。比如,在法庭上,双方的辩护人都试图基于事实证据和法律概念来构建好的、令人信服的论据,这与人们处于不同立场时进行公众听证或规划质询(planning inquiries)时的推理并无不同。

而它们当然有区别。一个直接的区别是,大多数法律和法律原则都是由立法机构(议会等)制定的,而在道德上并没有与它们一样明显的对应物(上帝可能是道德法则之源的观点将在后面的章节中讨论)。即便如此,这种类比也足以给智者和其他主观主义者提供一个答案。道德是人类生活的一个方面,就像人类生活的许多其他方面一样,它可以激发我们的理性能力以及情感。我无法推理出该和谁相爱,但我可以推理出欺骗所爱之人是不是对的。

与法律的类比在另一方面也有启发意义。我们可以构建一些好的和不太好的法律论证,它们就对和错以及应该做什么有明确的结论。这些论证绝算不上排除了所有关于怀疑或分歧的可能性的确凿证据,而只算是排除了合理怀疑或符合似乎是最可能的情况的证据。这样一来,法律推理就不如逻辑和数学。即便如此,正如世界各地法律制度的存在和延续所表明的那样,法律辩论是解决分歧的好方式,是决定我们应该相信哪些针对性指控的好方式,也是决定我们应该遵守哪些原则的好方式,而且还是决定我们做出什么抉择将正确且适当的好方式。当然，并非所有情况都是如此。无论是在特定案件层面还是在一般法律原则层面，都存在难以解决的法律纠纷。但是，声称"因为不是每个问题都有理性解决和合理共识的可能，所以我们绝不应该对这种做法抱有丝毫希望"，这将是一种毫无根据的绝望忠告。相反，合理的立场似乎是，在任何情况下，我们都应该抱着以理性解决问题的希望出发，尽可能接受我们并不会总是成功的事实。

道德也是如此。道德理性主义者不必认为理性有办法回答每个层面上的每个道德问题，从而有能力最终解决每个分歧。相反，他们只需要提出以下相对温和的主张。第一，没有理由从一开始（也就是说，在我们甚至才开始思考这些问题之前）就宣称理性在道德方面无能为力。第二，如果我们承认我们的结论很可能缺乏确凿的证据或无可争议的证明，那么，解决道德问题和道德分歧的最合理、最明智的方法就是看看清晰且有说服力的推理（把相关事实组合起来，对相关概念进行分析，并遵守逻辑规则）能把我们带到多远。

客观主义

道德理性主义是客观主义的一种形式。本章讨论的是客观主义者和主观主义者之间古老的哲学争论。尽管它通常被解释为一种直接的对立，但实际上，我们在这里能区分出不止两种而是四种立场。我们可以把这四种立场标记为：1. 强硬的主观主义（hard subjectivism）；2. 温和的主观主义（soft subjectivism）；3. 强硬的客观主义（hard objectivism）；4. 温和的客观主义（soft objectivism）。强硬的主观主义主张（通常认为智者曾抱有这种观点），在道德及评价问题上，从来没有任何"正确"答案。温和的主观主义则认为，在许多这样的问题上没有正确答案。强硬的客观主义认为每个道德问题都有一个正确答案，温和的客观主义则认为任何道德问题都可能有一个正确答案。由此我们可以看出，道德理性主义与温和的客观主义的结合是最合理的哲学立场。为什么要像强硬的主观主义那样，事先排除理性解决道德问题的可能性呢？但如果我们不完全排除它，则温和的主观主义者的主张就变得无关紧要了。除非我们知道它们是什么问题，否则即使知道一些道德问题不能用理性解决，也将是无关紧要的；而未经考察的话，我们就无法判断我们感兴趣的问题是否属于那些没有答案的问题。与此同时，强硬的客观主义似乎没有强硬的主观主义那么教条。然而，这也是对情况必定如此的一种宣告。但是，正如可能有法律案件（以及与此相关的历史考察）最终被证明棘手一样，一些道德分歧也可能太过严重，以致难以解决。

  基于这些理由，前三种立场便都乏善可陈。这就使得温和的客观主义成了可以支持的最佳立场——这一立场即是说，对于任何道德问题，理性也许都能够为我们找到一个比任何其他解决方案都更清楚、更具说服力的解决方案（再次记住与法律的类比），这一方案在逻辑上是可能的，且不会带来非议。

  温和的客观主义将是本书其余部分的基本哲学立场。不过，还有一些进一步的评论将陆续呈现。首先，值得注意的是，即使我们没有对本书其余部分所涉及的问题给出非常明确的答案，研究这些问题也仍然是有意义的。有时候，旅途本身比抵达目的地更为重要。我们从解决一个哲学问题中收获的大多是对问题的更好理解，而不是问题的答案。

其次，道德反思将在不同的层面上进行。道德中最有争议的问题往往是一阶问题，也就是说，明确的道德问题，比如堕胎或死刑的是非对错。这些层次上的争论通常以二阶或更高层次上的观念为前提，例如关于一般权利和价值的观念，关于自由、幸福和快乐的观念。尽管哲学家们可以对关于一阶道德问题的争论做出有益的贡献，但当我们转向考虑表象之下的价值时，道德哲学才真正出现。

生活的过程向我们展示了各种可能和各种限制。其中一些来自我们的天性，另一些则来自生活环境——有时被称为"人类境况"（the human condition）。考虑到这些可能和限制，什么样的生活才是我们要追求的最好的生活？我们应该关注和捍卫什么样的价值观？鉴于人性和人类境况的现实，我们应该如何努力生活？本书主要讨论的就是这些二阶问题，我们现在就转向这些问题。

拓展阅读建议

一、原始文献

柏拉图（Plato）：《理想国》第一卷（*Republic Bk I*）、《高尔吉亚篇》（*Gorgias*）

大卫·休谟（David Hume）：《人性论》（*A Treatise of Human Nature*）

G. E. 摩尔（G. E. Moore）：《伦理学原理》（*Principia Ethica*）

二、评论

尼古拉斯·佩帕斯（Nickolas Pappas）：《柏拉图与〈理想国〉》（*Plato and the Republic*）

詹姆斯·贝利（James Baillie）：《休谟论道德》（*Hume on Morality*）

三、当代讨论

J. L. 麦基（J. L. Mackie）：《伦理学：发明对与错》（*Ethics: Inventing Right and Wrong*）

吉尔伯特·哈曼（Gilbert Harman）：《道德的本质》（*The Nature of Morality*）

迈克尔·史密斯（Michael Smith）：《道德问题》（*The Moral Problem*）

第二章 利己主义

上一章以这类问题结束：什么样的生活才是我们要追求的最好的生活？对于这类问题，有一个耳熟能详、几乎是老生常谈的答案——名利双收。这是一种关于最好生活的构想，它在媒体对明星生活的报道中得到了呼应和加强。也正是这种想法，诱使大量人在中奖概率很小的情况下把钱花在购买彩票上。然而，作为对哲人之问的一种回答，"最好的生活是作为富人和名人的生活"这一见解并没有让我们走得很远，与其说是因为它是一个不值得的抱负（尽管它可能是），不如说是因为它在逻辑上是且必然是不完备的。

工具价值与内在价值

首先，让我们考虑一下对富有的渴望。如果富有意味着有很多钱可以花，那么从某种重要意义上来说，认为富有是件好事的信念终将被证明是空洞的。这是因为，金钱本身并没有任何价值，尽管这听起来可能很奇怪。如果金钱不能换成其他与之截然不同的东西如食物、衣服、娱乐等有独立价值的商品和服务，那么我们不妨扔掉它。这一点并不总是容易理解。我们太习惯于认为口袋、钱包里的纸币和硬币是有价值的，以至于无法意识到货币本身本质上毫无价值的特性。然而，我们只需要提醒自己，一个国家的货币在另一个国家是多么没有价值即可，因为它不能换成我们想要的东西。事实上，唯一使钱有价值的是它作为交换商品和服务的媒介的有用性，而这些商品和服务本身才是有价值的。当金钱不能以这种方式使用时，它就完全没有价值。

表达金钱这一特征的一种说法是，金钱具有工具价值而非内在价值，这是它与许多其他事物共有的特征。也就是说，只有作为获得别的东西的手段，它才有价值，而它本身并没有价值。我们可能拥有很多钱，但仍然无法得到我们需要和珍视的东西。也许我们发现自己身处沙漠，手里有成千上万的美元，但却缺乏我们迫切需要的食物和水，因为没有地方可以买到它们。这表明，金钱的价值取决于它作为手段的价值。由此可知，说最好的生活是我们有很多钱，并不能真正回答"对一个人来说什么是最好的生活"这个问题，因为它并没有告诉我们该把钱花在什么上。

关于名声，可以提出一个相似（虽然有些不同）的观点。如果出名意味着为很多人所熟知，那么这个基本问题也没有得到回答，因为它没有告诉我们应该凭什么出名。我们像发现青霉素的亚历山大·弗莱明（Alexander Fleming）那样因发明救命药物而闻名，像杀人狂哈罗德·希普曼（Harold Shipman）那样因杀死的病人比历史上任何医生都多而闻名，像埃德蒙·希拉里（Edmund Hillary）爵士那样成为征服珠穆朗玛峰的第一人而闻名，或者像菲律宾独裁者马科斯的妻子伊梅尔达·马科斯（Imelda Marcos）那样积累了数量惊人的鞋子而闻名，这些例子是否同样好？由于我们可以因各种截然不同的事情（有些是好事，有些是坏事，有些是大事，有些是小事）而出名，这些差别就显得很重要，因此名声本身似乎并不特别值得我们为之奋斗。

渴望成名的人可能会回应说，他看重名声，而不管这究竟是为了什么，因此，与金钱不同，名声本身是"可以"被重视的。当然，不是每个人都会这么看重它，但与错误地看重金钱本身的守财奴不同，追逐名声的人不会犯任何逻辑错误。在某种程度上，这是正确的，但名声本身仍有一些使其价值不足之处。假设有人一开始就想出名，却不在乎自己因什么而出名。即便如此，他还是得选择一件让自己出名的事情——无论是好事还是坏事、大事还是小事。但这样做之后，就有可能无法实现他所选择的目标。现在让我们想象一下，他不仅失败了，而且是一败涂地。事实上，他一贯的"功败垂成"能力是如此非凡，以至于他以世界上伟大的失败者而闻名。滑雪运动员飞鹰埃迪（Eddie the Eagle）貌似就是这样一个例子。他立志成为一名著名的滑雪运动员，而他之所以出名，是因为他滑雪技术太差了。奇怪的是，追逐名声的人就是以这种迂回的方式实现了他的目标。但我们可以看出，无论他的目标是什么，对他来说，通过成功而不是失败去赢得名声更为可取。由此可见，无论我们的目标是什么，成名的方式总有好有坏。这表明对于"我们这一生应该以什么为目标"这个问题，"名声"这一答案本身是不够的。正如我们需要被告知什么东西值得花钱一样，我们也需要被告知成名的最佳方式。

令人惊叹的失败案例或许能给出一个答案。尽管这个人获得了名声，但由于不是以自己想要的方式获得，他感到了失望。这似乎意味着，为了使我们的问题的答案得以完整，我们需要补充的是对个人"欲望"的一些参考，以及对追求名声的人"想要"什么的一些参考。同样的道理可能也适用于金钱。如果金钱真的只有工具价值，亦即只是作为获取其他东西的一种方式而具有价值，那么追求财富就不是我们所需要知道的全部，然后进一步的必然结论似乎就显而易见了：金钱是有价值的，因为它能让你得到你想要的任何东西，由此也暗示了富有是好的，因为这能使你满足自己的欲望。

因此，鉴于这些考虑，我们可以这样充实最初的提议：最好的人类生活是你足够富有，可以做任何你想做的事情，并以实现它而闻名。

然而，即使是这种构想也并不完全令人满意。如果财富和名声的价值在于它们能帮助你得到你想要的东西，而得到你想要的东西是好生活的本质，那么就没有理由特别提到财富和名声。大多数人确实想要值很多钱的东西，也有许多人想要参与能够招徕名声（或至少是名气）的活动。即使是那些没有奢侈嗜好的人，也需要某种财富才能过上他们确实想要的生活。"富有"是一个相对的概念，每个想要任一东西的人都需要达致某种程度上的富有。即使是抛弃了传统意义上的所有财富的圣方济各（St. Francis），仍然需要手段来维持他作为一个托钵僧（mendicant friar）的生活。不过，这只是表明，财富并不是单独可取的。财富的这一地位与名声不太一样，但按照这种思路，那些对实现让许多人铭记的目标不感兴趣的人，仍然可以过得很好。他们不想出名，但他们仍可能成功地过上他们想要的生活。这样看来，我们如果将"好生活"视为"得到你想要的"，就不必特别提及一开始就谈到的两种事物（即名声与财富）中的任何一种。

利己主义、主观主义与自我中心

最好的生活就是我成功得到我想要的东西的那种生活，这种想法有时被称为"利己主义"（egoism，源自拉丁语中对应"我"的词汇 ego）。这是一种在哲学上有着悠久历史的思想，在前一章提到的多篇柏拉图对话录中有突出的体现。事实上，尽管那些对话并不总是如此，但重要的是要明确区分"价值本质上是主观的"（上一章的主题）和"'我想要'使得某些东西对我来说有价值"（本章的主题）这两种主张。这是一个不容易把握和牢记的区别。然而，尽管从哲学上讲，主观主义和利己主义经常是联系在一起的，但实际上它们是两种完全不同的立场。虽然主观主义者认为道德和评价性的语言必须植根于感觉而不是事实，但其所讨论的感觉可能是一般的人类感觉，而不是"你的"或"我的"感觉。相比之下，利己主义认为，只要"我"想，无论别人会怎么想或怎么感觉，"我"都有理由接受建议，制定对策，寻求目标事物并采取行动。而如果"我"不想，那么即使事物在客观上是"有价值的"这一事实也不会给我这么做的理由。

利己主义在柏拉图的两篇戏剧性对话中得到了最有力的体现：在《高尔吉亚篇》（*Gorgias*）中，苏格拉底与一个名叫"卡利克勒斯"（Callicles）的人（在其他人的围观下）进行了长时间的争论；

在《理想国》(*Republic*)的前一部分，一个名叫"色拉叙马霍斯"(Thrasymachus)的人阐述了利己主义的观点。卡利克勒斯和色拉叙马霍斯都认为，正是我们对某些东西的欲望使那些东西对我们有价值，因此，好生活在于成功地得到你想要的东西。如果这要求你为了追求自己的目标而统治他人，压制他人的目标，那就这样去做吧。当我得到我想要的东西时，我就过上了最好的生活，而不管这对别人有什么影响。

我们可以这样来把握这一观点。假设我面临着是否要不诚实地追求和发展我的事业的选择（在腐败盛行的国家，很多人都这么做）。我为什么要诚实？提出这个问题并不是要援引主观主义的观点，也就是说，诚实是一件见仁见智的事。我完全可以接受我正在考虑的行动客观上是不诚实的。事实上，只有确实接受了这一点，我才会意识到一种两难困境。然而，面对这样的困境，我可能仍然想知道，为什么我应该选择诚实而不是发展事业。换句话说，冲突不存在于对"诚实"的主观解释和客观解释之间，而存在于利他主义（对他人的义务）和利己主义（自利）的主张之间。显而易见，我有理由（诚实地）发展我的事业。但是，当这样做不符合我的利益时，我有什么理由必须诚实呢？

这个例子清楚地说明了主观主义和利己主义之间的区别，但它可能会导致我们忽略另一个重要的区别，即利己主义和自私（selfishness）之间的区别。利己主义和自私之间的区别并不总是那么容易理解，部分原因是"自私"这个词可以有不同的用法。例如，《自私的德性》(*The Virtue of Selfishness*)是美国女哲学家安·兰德（Ayn Rand）的一本书的书名（有点自相矛盾），"自私"在她书中真正的意思是"自利"(self-interest)，这一概念将在本章后面讨论。我在这里所说的"自私"是指先于其他任何人去寻求和提升自己的舒适感与满足感的倾向。在此意义上，自私的人是那些（例如）总是试图使自己得到最好的座位，或最好的牛排，或最大杯葡萄酒的人。相比之下，利己主义则是这样一种信念：我只有理由去做对我来说重要的事情。但其他人对我来说也可能很重要。例如，为了我的孩子，我可能会全力以赴地工作，甚至会为他们不惜牺牲自己。所以我的行为不是自私的，我并非喜欢自己的舒适更甚于他们。但如果我这样做的关键因素是——他们是"我的"孩子，那么我的动机就是利己主义的而不是利他主义的。

通过回顾 17 世纪英国哲学家托马斯·霍布斯（Thomas Hobbes）生活中的一段插曲，可以更清楚地认识到自私和利己主义之间的区别。霍布斯的哲学在他那个时代作为"利己主义者和无神论者的哲学"而臭名昭著。有一次，一位牧师看到他把钱给了一个乞丐，认为这与霍布斯宣称的观点不一致。他问道，我们必须施舍乞丐的唯一理由是基督要我们救济穷人的命令吧？但霍布斯回答说，他给乞丐钱，既是为了减轻乞丐的痛苦，也是为了减轻他自己看到乞丐时的痛苦。换句话说，促使霍布斯采取行动的是他自己的怜悯之心。这表明他是一个利己主义者，但他怜悯别人的事实也表明他并不自私。自私的人不会被别人的困境触动，不会因为别人的痛苦而感到痛苦；而利己主义者则坚持认为是他自己的怜悯，而不是穷人的境况，为他的行动提供了理由。

一旦我们区分了利己主义和自私，我们就可以看到一个可能作为利己主义的支撑论据的轮廓。如果"从生活中得到你想要的东西"是一个理想，而没有任何关于"想要这个东西"是对还是错的含义（因此可能包括高度利他的"想要"，例如为他人谋取更大利益的愿望），那么我们怎能不认同它呢？可以肯定的是，从决定实际行为的角度来看，它是不充分的，因为它留下了太多尚未解决的细节问题。但是，由于我们只能追求自己想要的那些东西，因此，我们必须承认，"从生活中得到自己想要的东西"是每个人都自动认同的原则。至少可以这么认为。但是，真是这样的吗？我们能只为我们想要的那些东西而奋斗吗？如果是这样的话，那么得到我们想要的东西必然是好生活的一个基本组成部分。

心理利己主义

"人们只做也只能做他们想做的事情"这一论点，通常被称为"心理利己主义"（psychological egoism），因为它将利己主义欲望作为最基本的心理解释。也就是说，它认为，人的所有行为最终都必须根据行为主体的欲望来解释。人们如果不想做他们所做的事，就不会去做。

人们通常认为，这最后一句话具有不言而喻的真理地位，它是不可否认的。然而，乍一看，心理利己主义又似乎是错误的。一定有无数例子表明，人们在做他们想做的以外的事情吧。从简单的家庭事例（当我真正想做的是上床睡觉时，我继续与客人进行礼貌的交谈）到重大事件（当酷刑受害者渴望停止痛苦时，出于对战友的忠诚坚持保持沉默），这些例子都被包括其中。如果这些都是人们做他们不想做的事情的例子，那么人们总是做他们想做的事情的说法就是错误的。因此，它不能作为支持利己主义的充分理由。

面对这样的例子，那些同情心理利己主义的人通常会回应说，给出的这种种例子根本不是命题的反例。他们说，在某种意义上，我确实想保持礼貌，否则我会上床睡觉；在某种程度上，被施刑的受害者更想忠于他的战友，而不是想要停止痛苦，否则他会回答施刑者的问题。这个回应有两个重要的特点。首先，它做出了一个关于"实情'必须是什么'而不仅仅'是什么'"的声明。它从一个有关人类心理的声明开始（事实上，人类的行为总是被解释为对某种欲望的追求，结果它成了一个有关必然性的声明）：所有的行为都"必须"源自欲望，否则其所涉主体将永远不会履行它们。但这种对反例的回应并不令人满意，因为它假定了心理利己主义的真理性，因此无法为其辩护。只有在心理利己主义是正确的情况下，我们才有资格断言，所有行为都必须表现出行为人的欲望。如果心理利己主义是错误的，那么这一论断就没有根据了。其次，这个回应表明，心理利己主义并不完全是我们曾以为它是的那个命题，因为它以一种特殊的、有点怪异的方式使用了"想要"。这第二点需要更充分地解释一下。

心理利己主义声称，人们只做他们想做的事，在每一行为的背后，就行为人而言，必然有一个做出这一行为的欲望。乍一看，这似乎与我们自己及其他人生活中的经历相冲突，在这些经历中，除了欲望之外，还有其他动机可以用来解释行为的发生。例如，我们通常认为，除了"想"做某事之外，我做某事也可能是因为它是有利的（或时髦的、友善的、礼貌的）。或者有时我这样做，是因为从道德的角度来看，我认为这样做是对的。我们进一步认为，这些其他动机实际上可能与"我想要"相冲突，并且可能优先于"我想要"。如果是这样的话，"我想要的"就并不总能解释"我所做的"。

利己主义者对这一思路的回应是说，这些其他动机中的每一个都是一种想望（wanting）。我做道德上正确的事，是因为我想做道德上正确的事；我做有礼貌的事，是因为我想有礼貌；等等。然而，以这种方式分析其他动机就是改变了"想要"的正常含义，使它的意思与其说是"对××有积极的欲望"，不如说是"被激励去××"。但这样解释的话，心理利己主义就变成一种空洞的主张。"想要"在这里意味着有某种动机，诚然，根据定义，每个行为背后都必须有某种动机——如果我们所说的"动机"是指"解释它的任何东西"的话。但这与（由心理利己主义似乎一开始就提出的）"在人类行为背后可能存在的各种各样的动机中，只有一种向来有效，即狭义上的'欲望'"的主张大相径庭。这一终极主张是一个实质性的且具有挑战性的主张。与此同时，诸多反例表明它是错误的。在以上述方式回应反例时，心理利己主义从这种关于人类心理的实质主张退回到了关于动机的抽象主张，后者是一种正确但空洞的主张。它有赖于以一种量身定制的方式使用"想要"这个词来满足利己主义者的要求。简而言之，心理利己主义要么是错误的，要么是无价值的正确——之所以正确，是因为它对"想要"有自己特异（idiosyncratic）的定义。

理性利己主义

有人可能会认为，在所有这些争论中，我们忽略了卡利克勒斯和苏格拉底之间的争论以及关于好生活的核心问题。通过表明欲望在事实上是人类动机的核心，心理利己主义被尝试用来支持这一主张，即"好生活在于得到你想要的东西，无论那是什么"。现在我们已经看到，只有我们从一种特殊的、相当无价值的意义上来理解"欲望"，它才是正确的。如果我们从更纯粹（full-blooded）的意义上理解它，如理解为"我觉得最令人愉悦的东西"，它似乎就是错误的。除了这种欲望之外，人们还有其他的行动理由。

但利己主义者，尤其是卡利克勒斯所代表的那种利己主义者，在这一点上还有另一种回应。他可以放弃对人类心理如何运作的顾虑，而更坦率地断言，无论我们发现有关人类的事实如何，我们都应该把满足个人欲望视为好生活的核心，因为做某事的唯一真正好的理由是"你想做"。这就是所谓的理性利己主义，这的确是一种更契合苏格拉底和卡利克勒斯之间争论的学说，因为它是规范性的。也就是说，它关系到我们应该做什么以及为什么我们应该这样做。

为什么我们只应该根据自己的欲望行事？在回答这个问题时，有一个关于论争责任（onus of argument）的问题。举证责任落在了谁身上？难道利己主义者必须向我们其他人证明，按照自己的欲望生活就是最好的生活方式吗？还是那些想要拒斥利己主义的人必须证明有更好的生活方式？谁必须向谁证明什么？除非我们知道如何回答这个问题，否则我们就无法知道论争应该从哪里开始。

这是哲学中的一个常见问题。在法庭上，（控方的）举证责任是由无罪推定（the presumption of innocence）这一法律原则规定的，然而在哲学中却没有解决它的简易通用方法。在利己主义的特殊情况下，利己主义者常常认为，举证责任落在哪里是一目了然的。由于他们只诉诸个人自己的欲望，别无其他，且由于每个人都有某些理由去追求自己的欲望，只是因为这些欲望是他们自己的，所以任何想诉诸其他考虑的人（让我们称他们为"道德家"）必须解释为什么我们应该注意和听从这些其他考虑。

换一种说法，理性利己主义者建议我应该总是做任何我想做的事。由于根据前设（出于这一论据本身的性质），我已经想这么做了，所以可以说，并不存在来问我为什么要这么做的逻辑空间。但是，那些呼吁我在个人欲望之外进行其他考虑的道德家，必须解释我有什么理由将这些考虑凌驾于那些欲望之上。例如，假设我在去剧院的路上，因为我想看正在上演的戏剧，同时又遇见了一场车祸。一个道德家可能会说我应该停下来帮忙，也许我也应该这样做。但我能对自己默示的停下来与不停下来的支撑理由并非旗鼓相当。既然我已经想去剧院了，我就不需要什么在此意图之下继续这样做的理由。我需要的是不这样做的理由，这表明举证的责任在道德家身上。

当然，这并不意味着满足这一要求一定会有某些困难，正如无罪推定并不意味着证明人有罪总是很困难一样。就像我们说过的，法庭案件有公开的和不公开的。这种关于举证责任的主张也并不意味着不能给出恰当的理由（即道德理由）。我们大多数人都会同意，在设想的这一情况下，很容易找到恰当的理由来说服我，我去剧院的意图必须放在一边，因为有更重要的事情发生了。这与举证责任落在道德理由上的观点是一致的，这也证实了这一意见，即一般来说，它落在那些拒绝理性利己主义的人身上，而不是那些接受理性利己主义的人身上。根据其主张本身的性质，理性利己主义给出了我们接受它的理由，而该理由并不适合于替代它的选择。

然而，尽管理性利己主义可能享有这一优势，但它也有弱点。第一，虽然不是最重要的一点，是它让大多数人反感。我们应该把得到我们想要的东西放在最重要的位置，仅仅因为我们想要它，这种想法与古希腊、犹太和基督教的伦理传统皆背道而驰，而这些传统在很大程度上塑造了我们的思想。从哲学的角度来看，这不是一个重要的弱点，因为它不能变成一个决定性的反对意见。将利己主义作为一种道德信条信奉的人，将不会被它与其他对立信条相冲突的想法所撼动。任何道德观点都是如此，总与反对它的观点背道而驰。因此，这本身不能成为反对理性利己主义的理由。

当然，如果犹太-基督教传统的伦理信仰是正确的，那么这将成为一个反对的理由，而这正是理性利己主义所引发的问题。如果我应该像爱自己一样爱我的邻居，那么只爱自己是不够的。当然，理性利己主义者所做的是在为爱邻如己寻找一个令人信服的理由。这是更有必要的，因为我已经说过，我们不需要为爱我们自己辩护。这是我们自然而然有理由去做的事情。

尼采与权力意志

因此，与犹太-基督教传统的冲突，尽管可能会使理性利己主义对许多人失去吸引力，但这并不是对理性利己主义的一种智识上的反对。事实上，一些哲学家欣然接受了对犹太-基督教道德的否定。其中最著名的无疑是 19 世纪德国哲学家弗里德里希·尼采（Friedrich Nietzsche）。尼采认为，基督教神学在智识上已经破产。"基督教的上帝概念，"他说，"是这个世界上所达到过的最腐朽的上帝概念之一：它也许本身就标志着上帝类型退化的顶点。"（尼采《敌基督者》，1968：140）他也不再同情基督教的道德意涵。"在我们不健康的现代性中，没有什么是比基督教的同情更不健康的了"（尼采《敌基督者》，1968：131）。简而言之，"基督教是人类迄今为止最大的不幸"（尼采《敌基督者》，1968：181）。作这样想的人不太可能对利己主义与基督教道德相冲突的说法留有深刻印象。他只会说，如此甚好。

从我们所描述的那种利己主义来看，尼采自己的价值哲学并不是很自利，但它可能是我们所能清楚发现的由一位重要哲学家背书、最接近于利己主义的哲学。不同于柏拉图为了反驳而发明了卡利克勒斯和色拉叙马霍斯式的利己主义，尼采是有意识地去阐述和捍卫他的利己主义形态。这就是它在这里特别值得研究的地方。

尼采是瑞士巴塞尔大学（the University of Basel）的古典语言学教授，他早在 24 岁这一不同寻常的年纪就被任命为这个职位。然而，他的显赫名声与语言学没有多大关系，也主要不是在学术领域取得的。事实上，尼采的著作无法直接归类，尽管他现在被广泛认为是一位重要的哲学家，但他其实是一位有着广泛关注和兴趣的思想家，从文学的角度来看，他也是一位了不起的作家。

对尼采来说，在他所生活的那个时期，最重要的事实是基督教已毁于科学之手。他认为，达尔文阐明的自然选择理论永远终结了理性信仰上帝的可能性（尽管在某些地方尼采严厉批评达尔文主义）。正是尼采创造了"上帝死了"这一著名口号，并声称"'纯粹精神'是纯粹的胡说八道"。但他也认为，大多数人都没有意识到宗教崩塌的巨大意义，在他众多著作之一《快乐的科学》（*The Gay Science*）的一个著名段落中，他想象了一个场景，在此场景中，一个认为上帝已经死了的人被他的同胞们视为疯子。

如果上帝和超自然力量总体上已经被无可挽回地从人类思想中驱逐出去了，那么在尼采看来，传统价值观赖以建立的整个基础就已经被摧毁了。因此，每一件与价值和人类存在意义有关的事情都必须被彻底地重新思考。尼采计划但并未写完的最后一部伟大著作的标题是《重估一切价值》(*The Revaluation of All Values*)，它的第一部分（已经完成）被意味深长地称为"敌基督者"(The Anti-Christ)。尼采将这种人类思想的全面重构视为他的特别任务。这项任务过于艰巨，以至于一些人怀疑他患有狂妄自大症（megalomania），而这一事实证实了他们的怀疑：尼采最终确实发疯了，并且在他生命的最后 11 年里一直如此（对他陷入精神错乱的解释尚未有定论，有些人认为这更可能是梅毒而不是浮夸想法导致的结果）。

现在，无论我们怎样看待尼采的思想野心，那种认为有关善恶的传统思考方式已经走到了尽头或过时的想法都不那么奇怪。达尔文理论（以及它在学术史中一些非常重要的发展）确实给基督教带来了严重的思想挑战，无论是出于这个原因还是出于其他原因，西欧的宗教信仰和实践在 20 世纪的进程中确实经历了一次重大衰退。此外，尽管这一变化带来的影响并不总是受到重视，但犹太-基督教的道德和伦理信仰基础不再令人信服的事实（如果这是真的），确实给当代社会留下了许多有待回答的问题。尼采自己的著作虽然涉猎非常广泛，但主要不是尝试提供这些问题的答案，当然，它们也没有以任何持续或系统的方式这样做。确切地说，他的主要目的是让读者明白他所关注的哲学问题的重要性和紧迫性。尽管如此，我们还是有可能勾勒出他的方法所暗示的那类答案的一个轮廓。在这样做的时候，有三个概念特别重要。它们分别是"权力意志"(the will to power)、"超人"(Übermensch) 和"永恒轮回"(eternal recurrence)。

由于无法再用传统的宗教或道德的措辞来回答人类应该追求什

么的问题，于是尼采通过质问"真正打动人们的是什么"开始他的反思，他的答案是"权力意志"。

> 什么是善？一切增强人的权力感、权力意志和权力本身的东西。
>
> 什么是恶？一切源于软弱的东西。
>
> 什么是幸福？权力在增长的感觉——一种阻力被克服的感觉。
>
> （幸福）不是心满意足，而是更多权力；全然不是和平，而是战争；不是德性，而是卓越。
>
> （尼采《敌基督者》，1968：127）

正是这个答案使他的哲学成为一种利己主义。尼采用"权力意志"来形容在斗争的环境中获胜的欲望，而斗争是人类境况的重要组成部分。我们可以在这里看到达尔文的进一步影响，这也许是理查德·道金斯（Richard Dawkins）的著名概念"自私的基因"（the selfish gene）的雏形。权力意志不仅仅是生存的意志，它更是支配和克服生存竞争挑战的意志。这一概念受到支持者和批评者的广泛误解，但如果我们转向他的三个主要概念中的第二个"超人"，就很容易明白应该以何种方式理解它。

德语单词 Übermensch 的英语字面翻译是 overman，但通常被译为 superman。这两种翻译都不令人满意。第一个词在英语中毫无意义。第二个词不仅具有漫画上的内涵，而且唤起了弗兰肯斯坦（Frankensteinian）式的想法，即试图设计出身体和才智都高超的人类。正是这种对 Übermensch 的理解，在一定程度上导致了尼采的思想与纳粹对所谓优越的雅利安种族的奉承的联系。这种联系遭到了尼采的当代崇拜者和评论家的强烈抵制，他们认为它是纳粹的始作俑者故意创造出来的东西。这些人中包括尼采自己的妹妹，在尼采死后由她负责出版尼采日记的合集，该合集题为《权力意志》。然而有理由认为，其中相当一部分内容，尼采本人会拒绝出版。但这种联系无疑是由尼采自己的过激语言促成的，尤其在他最后的出版物中。例如，前面引用的这段话，就是取自于此，尼采还继续说道："软弱者和不健康者当毁灭：这是我们人类之爱的首要原则。为此还当助他们一臂之力。"（尼采《敌基督者》，1968：127）

然而，实质上，尼采的观点与纳粹主义几乎没有关系。事实上，值得注意的是，尼采多次公开谴责反犹太主义和德国的民族主义狂热。尼采笔下的"超人"不是纳粹神话中梦想的高个金发雅利安人，而是权力意志达到完美的人（尼采对女性的看法在今天并不流行）。事实上，尼采将大多数德国人与诗人歌德（Goethe）进行了不利于前者的比较，认为歌德的出现"不是德国的事件，而是欧洲的事件"，歌德是"最后一个让我感到崇敬的德国人"，是人的理想型：

> 一个强大的、有高度修养的人，精通所有的身体技艺，有自制力，且有自尊心，他敢于让自己拥有自然的全部领域和财富，他强大到足以获得这种自由；他是一个宽容的人，宽容不是出于软弱，而是出于力量，因为他知道如何利用会破坏平庸本性的东西来获取自己的优势；他是一个除了软弱之外无所顾忌的人，无论这种软弱被称为罪行还是德性。
>
> （尼采《偶像的黄昏》，1968：114）

就其生命的价值和意义而言，超人是一个完全独立的人，他为自己决定自己生命的价值是什么，他对自己的才智和情感有足够的自制力，以使那些价值在他自己的生活中成为现实。在放弃了对超自然事物的一切向往之后，这样的人就能坚持自己的意志，战胜传统道德的压力和对社会规范的盲目顺从——"一个更强大的物种，一个更高贵的类，其起源和生存的条件与普通人不同……超人"（尼采《晚期笔记节选》，2003：177）。

除了歌德，尼采自己宣称的"超人"模范还包括尤利乌斯·恺撒（Julius Caesar），一度还有作曲家理查德·瓦格纳（Richard Wagner）。尼采本人与瓦格纳有过私交，尽管最终他们闹翻了，但在很多方面，瓦格纳为尼采谈到超人时的想法提供了很好的例证。瓦格纳是一位喜好宏大规模的歌剧作曲家。他著名的"指环"系列（Ring cycle）歌剧构想是如此宏大，以至于直到瓦格纳能够在德国南部的拜罗伊特（Bayreuth）建造一个他自己的专属剧院时，它才得以最终上演。这种规模的歌剧理念源于同样巨大的艺术野心，即通过创造一种艺术形式——大歌剧（grand opera），将所有的艺术——视觉、音乐和戏剧——结合在一起，使艺术走上正确的道路。在推进这一理念的过程中，瓦格纳突破了他所身处的艺术界的传统和实践限制。至少在他自己看来，他正在彰显自己的艺术价值。

作为个体，瓦格纳有着极其强势的个性。他吸引了许多忠实的弟子，而在实现自己野心的过程中，他也践踏了许多人。尼采一度是瓦格纳最热情的追随者之一，这种热情或许持续至他自己成为瓦格纳霸道个性的受害者为止。但是，他说：

> 让我们忠实于瓦格纳的真实和首创吧……让我们把他作为知识分子的脾气和束缚留给他吧；平心而论，我们不妨问问，

> 为了能够生存和成长，像他的艺术这样，可能需要什么奇怪的营养和需求呢？作为一个思想家，他常常是错的，而这并不重要；正义和耐心不适合他。他的生命在他自己面前足以被证明是正当的，而且一直是正当的——这种生命对我们每一个人喊道："做个男子汉，不要跟随我——而是*你自己！你自己*。"
>
> （尼采《快乐的科学》，2001：98，斜体为原文强调部分，最后一句是引自歌德的话）

稍后，我们将再次审视尼采对瓦格纳的态度，因为它揭示了尼采关于价值的思考。但首先，我们必须考虑他的第三个主要概念——永恒轮回。尼采被这一想法深深打动了：宇宙中的物质是有限的，它可以呈现的构造（configurations）数量是有限的，而时间是无限的。由此可知，物质的任何构造最终都会重现，而且由于时间是无限的，它将一次又一次地重现，直至永远。这就是对"永恒轮回"的信念。如果在给定的时间内，物质的任何构造真的都会重复出现，那么我们自己作为物质在时间中的构造之一，也将一次又一次地重现。这种看法给我们提供了一个标准，用来判断我们采取的行动和我们发展出的品质。我们不仅可以问它们是否符合当时的标准，而且可以问它们是否适合于永恒轮回。作为永恒的铺垫，基督教的生命观以这种奇特的方式，在反基督教的尼采的著作中再次出现。

这是对尼采大量著作的一个非常简短的总结，以这种简单的方式呈现它们，掩盖了一个事实，那就是他所写的很多东西更多是诗歌而不是哲学，是格言而不是论据，并且他的书中包含了许多冲突和矛盾。尽管如此，我们已经说得足够多了，多到使我们能够去考察他思想的基本原则。尼采在个人的"权力意志"中看到了至高无上的价值。这种信念的基础是，他深信传统价值观的基础——宗教——已被摧毁。从某种意义上说，没有什么可以取代它（宗教），但超人通过认识和接受这场灾难，并通过自己的"权力意志"为自己创造出价值和意义，从而超越了它。当我们在第五章讨论存在主义作家时，我们将不得不更仔细地审视个人创造价值的观念。在这里，需要注意的是，给尼采留下深刻印象的显然是这种观念：一个孤独的个体，仅仅通过依靠他自己的意志和目标的力量，来理解根本的混乱和不确定性。正是由于这个原因，他的思想可以说是自我中心的（egoistic）。

然而，为什么要重视权力意志的行使呢？这一点从未完全澄明。因此，也尚不清楚哪种人类生存模式最能体现这一点。尼采经常提到"生命"（life，通常是斜体）、"力量"（strength）和"权力"（power），他的语气暗示这些就是我们所说的英雄的价值。问题在于，它们似乎都落在了本章第一节所划分的工具价值和内在价值的错误一边。它们不禁让我们发问："生命的价值是为了什么？""力量和权力的价值能做什么？"尼采所说的一些事情表明，他会否认"权力意志"只具有纯粹的工具价值。只为自身的权力意志，才是值得重视的。但是，如果权力意志以卑鄙或琐碎的方式表达出来，我们又为什么要重视它呢？尼采自己厌恶和鄙视他那一代德国人的许多姿态，但他所说的一切并没有揭示出这些卑鄙姿态本身作为权力意志的行使，其逻辑障碍在哪里。

要明白这一点的影响，我们应该再考虑一下瓦格纳的例子。尼采有一段时间非常钦佩瓦格纳，因为他个性的巨大力量，以及他对那些尼采认为是狭隘的德国价值观的明显漠视。但几年后，尼采开始认为瓦格纳已经屈服于他早先超越的狭隘价值观。简言之，他成了尼采极度鄙视的那种典型的德国人。现在有理由认为,尼采对瓦格纳的看法受到个人因素的严重影响,但无论历史真相如何,都很容易看出,瓦格纳的这种变化本身不足以改变从尼采观点出发给出的评判。这是因为,即使瓦格纳的作品确实体现了他迄今为止所漠视的价值观(在神话中表达德国人的爱国热情等等),但这仍然可能成立:他在这样做时清楚地认识到尼采大量论述了的历史危机,并且是仅凭他自己的意志和个性。简言之,无论瓦格纳的作品代表了什么样的价值观,它们都可能是"生命"的结果,是"力量"和"权力意志"的一种练习。给尼采留下深刻印象的是瓦格纳个性和生活方式中的英雄性格,但问题是,"权力意志"不需要导向任何英雄行为,"权力意志"能够照亮尼采所厌恶的那些东西。换句话说,对于尼采如此赞许地引自歌德的训诫——"做你自己!",可能会有截然不同但同样真实的回应。

当然,有人可能会说,这样就遗漏了对永恒轮回观念的描摹。并不是每一种权力意志的表达都适于永恒。但为什么是这样?无论这个问题的答案是什么,它都必须被找到——不是在权力意志的指涉中,而是在"意志"导致的各种事物中。这种适合永恒轮回的想法似乎旨在应用于像尤利乌斯·恺撒这样的人,他的一生是几个世纪以来伟大将领的典范,但它也可以很容易应用于极度懒惰或欺诈的典型。尼采说,超人是"一个除了软弱之外无所顾忌的人"。但他自己却想禁止一些事情,比如对德国资产阶级虔敬的支持。然而,他似乎没有看到的是,这些事情不必归因于软弱,而是可以选择作为"生命"和"力量"的一种练习。简言之,尼采的价值哲学与所有形式的利己主义有着完全相同的缺陷。理性利己主义者钦佩个人意志的行使,尤其是当它与传统道德观念背道而驰时。但是,由于个人意志可以很容易地在肯定传统道德时发挥作用，因此他的钦佩是毫无根据的，他对非传统道德的偏爱也是毫无根据的。这是因为理性利己主义只能给出一种工具价值的解释，但此外也需要一些内在价值的解释。

到这里，通过追溯尼采哲学，我们实际上回到了苏格拉底和卡利克勒斯之间的争论。在《高尔吉亚篇》中，苏格拉底善于利用反例来反驳卡利克勒斯。他请卡利克勒斯考虑儿童性侵犯者的情况，这些人违背传统道德准则，得到了他们想要的东西，还要求卡利克勒斯支持他们的生活方式。他以一只鸟为例，提到作为完美的欲望满足机器，它同时进食和排泄，苏格拉底问这是不是卡利克勒斯所赞扬的那种"好生活"的理想典范。卡利克勒斯愤怒地拒绝了这些反例，并宣称这根本不是他所想的那种事情。但他这么做显然前后矛盾。"最好的生活是你得到你想要的东西的生活"这一教义并没有告诉你想要的是什么，所以它必须将酒鬼的生活与统治者的生活并列。酒鬼的欲望不过是醉醺醺地躺在城市垃圾堆里；而统治者则通过其意志的力量和体现了其远见卓识的目标，将法律和秩序带给一个庞大的帝国。当然，卡利克勒斯非常不愿意做出这种对标，这就是苏格拉底迫使他放弃他赖以建立其论点的利己主义原则的方式。但这其实是逻辑迫使他做出的对标。

我们已经看到，以类似的方式，任何像尼采那样将人的意志视为价值创造的核心的人，都可能被迫承认，重要的不仅仅是意志和欲望的主张，而且是英雄的意志和欲望的主张。这相当于一种妥协，即理性利己主义——我们应该为我们想要的东西而奋斗——是对我们应该如何生活这个问题的充分回答。

必须承认，苏格拉底对卡利克勒斯的反例论证，在逻辑上不是也不可能是决定性的。卡利克勒斯可以接受一致性的要求，并接受酒鬼的生活和政治家的生活一样好，就像尼采既可以接受瓦格纳对德国资产阶级价值观的认可，又可以接受他之前对这些价值观的拒绝一样，都是对权力意志的一种练习。

但这种论调可能会被进一步扭曲。既然理性利己主义的核心是自我主张的价值，那么肯定至少有一种"生活方式选择"是它无法认可的，那就是自我否定。如果我们认为，人们不仅应该做他们想做的事（心理利己主义），而且应该为自己想要的而努力（理性利己主义），那么我们必须将那些不遵从自己内心欲望的人视为犯了某种错误，并将这视为一种可以无视其心态的错误。因此，面对佛教僧侣所选择的生活方式，例如他们竭尽全力抑制和克服自己的肉体欲望，并且（让我们假设）十分成功，以至于他们杜绝了我们通常所说的欲望，理性利己主义的支持者必然会说，客观而言，僧侣的生活不如另一种较以自我为中心的人的生活好。他们的座右铭与"做你自己"正好相反，它是"否定你自己"，这句格言也可以说是尼采非常鄙视的基督教的特征。

这种暗示——自我否定的生活不如自我主张的生活好——源于道德利己主义是一种"教义"这一事实。它建议人们追求个人欲望，因此必须排除对它们的摒弃，即便那些否定自己的人开始喜欢他们所过的生活。"佛教，"尼采说，"是一种导致厌倦和文明终结的宗教"（尼采《偶像的黄昏》，1968：144）。有人可能会回应说，佛教僧侣并不是利己主义典范的恰当反例，因为，尽管他们改变了自己的欲望，但他们最终还是做了自己想做的事。然而，以这种方式来回应，只是赢得了暂时的喘息之机。一位佛教僧侣可能会说：我的问题是，如果我要找到通往平静与幸福的道路，我应该想要什么？利己主义者武断地认为，得到我想要的东西一定会使我快乐。但是，很多人都有伤害甚至自我毁灭的欲望（例如吸毒者），如果得到我碰巧想要的东西（甚或是我迫切想要的东西）并不一定能带来幸福，那么我为什么要把利己主义原则作为我生活和行为的基础呢？至少我需要被告知想要什么对我是有好处的。

欲望与利益

对此和对其他反对意见的一种回应是，理性利己主义被歪曲了。理性利己主义最可信的说法不是关于欲望，而是关于利益。欲望和利益的区别是这样的：我的欲望是我体验到的作为渴望或倾向的那些东西，而我的利益是那些对我的生活和幸福至关重要的东西。如果某物能促进这种幸福感，那它就是我的利益所在。但在任何特定的时刻，符合我利益的东西并不总是与我想要的或渴望的东西一致。例如，假设我是一名吸烟者，出现了呼吸系统疾病的早期症状，为此我决定戒烟。在相当长的一段时间里，我可能会有强烈的吸烟欲望，但我认识到这样做不符合我的利益。或者换个例子，我可能是那种强烈倾向于在床上度过整个上午的人。但是，如果这样做会危及我的工作，那将违背我的利益，我就有充分的理由抵制这种倾向。由此可见，我如果是一个关注自身利益的利己主义者，那么在某些情况下会有很好的（利己的）理由不去做我想做或喜欢做的事。

因此，除了我们一直在考虑的这种利己主义之外，还有另一种版本的理性利己主义。它并不是说你总是有理由追求自己的欲望，而是说你总是有理由增进自己的利益。根据这种观念，最好的生活不是你能在任何时候成功地得到你想要的任何东西，而是你能成功地确保符合你长期利益的东西。

与简单欲望版的利己主义相比，这种修正版的利己主义有两个优点。首先，它为回应苏格拉底用来反对卡利克勒斯的各种反例提供了基础。我们现在可以说，满足眼前的欲望不符合醉汉或恋童癖者的利益。因此，利己主义并不致力于赞扬这些生活方式。其次，我们可以毫无困难地承认，这种利己主义采纳了客观上可证明的思想，亦即内在价值观。有些事情事实上符合我的利益，而另一些事情则不然。我可能会误解这些事情，并渴望全盘错误的东西。对于"我应该想要什么"这个问题，这种版本的利己主义的确有一个答案：你应该想要符合你利益的东西。如果有人提出进一步的问题："我为什么要做符合我利益的事情？"利己主义者可以回答，"因为这符合你的利益"，并坚持认为再没有什么可说的了。

现在，这条论证线是非常可信的，许多哲学家都认为它可以提供我们思考好与坏、对与错所需的所有要素。尽管它明确排除了利他主义——对他人利益的直接关心，但它并不一定排除道德——它被认为是对他人责任的承认。这是因为，正如托马斯·霍布斯和约翰·罗尔斯（John Rawls）等哲学家以各自不同的方式所论证的那样，作为个体，遵守共同的道德正当要求和公民义务可能符合我们自己的最大利益。事实上，按照这种思维方式，理性利己主义可能为道德提供了最佳的基础，正是因为它诉诸每个人都认可的自我利益，而不是一些人明显缺乏的道德感或良心。

这些都是需要重新讨论的话题，但目前让我们承认以下几点。第一，这一版本的利己主义指出，是利益而不是欲望可以应付一般的反例（如吸毒成瘾者或吸烟者）。第二，它提供了一种客观价值观——什么对我来说是真正好的或真正坏的——而不仅仅是一种主观的认同感。第三，通过将好与坏与我的自身利益联系起来，它解释了它们在理性上的吸引力。第四，它可以提供一个合理的基础，在这个基础上，可以确立对除我们自己之外的其他人的责任。

这些都是令人赞赏的优势，但还有一个至关重要的问题：什么符合我的利益？可以说，当这个问题仍未得到解答时，关于好生活的所有重要问题都依然悬而未决。我们可以通过观察注意到这一点，极力反对卡利克勒斯和色拉叙马霍斯的利己主义的柏拉图（通过苏格拉底之口），实际上可以同意这种修正版的利己主义，因为他也相信，做符合我最大利益的事情是合理的，我所能过的最好的生活就是符合我最大利益的生活。他与卡利克勒斯和色拉叙马霍斯的争论在于这种生活是由什么组成的，以及（我们所说的）道德是如何介入其中的。柏拉图认为，做正义要求我做的事情直接而不仅仅是间接地符合我的利益，因为做不到这一点，虽然在情感上或物质上无害，但会损害我们通常所说的"真实的我"（the real me）。我的利益与思想和灵魂有关，而不是与身体和心理感受有关。

在这里，这些对话中的另一条思路开始发挥作用。它隐含于包括卡利克勒斯在内的许多人所说的话中，"符合我的利益的事情"的真正含义是那些我觉得最令人愉悦或满意的事情。因此，利己主义与那种认为满足和快乐（以及避免痛苦）是好生活的基本要素的观点相混淆了，或者至少交织在一起了。但事实上，后者是另一种独特的价值哲学，被称为"享乐主义"（hedonism），它源自希腊语中表示"快乐"的词汇。这是一种柏拉图也想排斥的哲学，围绕它的争论非常值得探索，但它本身需要另辟一章讨论。

拓展阅读建议

一、原始文献

柏拉图（Plato）：《高尔吉亚篇》（*Gorgias*）

弗里德里希·尼采（Friedrich Nietzsche）：《偶像的黄昏》（*Twilight of the Idols*）、《敌基督者》（*The Anti-Christ*）、《快乐的科学》（*The Gay Science*）

二、评论

布赖恩·莱特（Brian Leiter）：《尼采论道德》（*Nietzsche on Morality*）

三、当代讨论

朱利安·杨（Julian Young）：《上帝之死与人生的意义》（*The Death of God and the Meaning of Life*）第 7 章至第 8 章

第三章　享乐主义

在第二章中，我们看到利己主义关于好生活的构想被定义为"得到你想要的东西"，而这并不是一个关于人的好生活的恰当构想。它的优势只不过在于，将好生活的动机置于主观欲望中，而不是任何有关"好"的抽象概念中；但是，无论我们如何努力，我们都无法回避有关人类各种欲望的相对价值的问题。换句话说，我们无法避免去问"我们应该想要什么"，而这个问题是基于欲望的利己主义所无法回答的。

为了克服这一困难和其他困难，我们考虑从利益的角度重新定义利己主义——好生活是指"你成功地增进自己的利益的生活"。这个版本的利己主义确实告诉了我们应该想要什么——我们应该想要符合我们自己最大利益的东西，但不难看出，这个答案并没有让我们走得更远。我们现在需要知道什么最符合我们的利益。我们想要的最好的东西是什么？在哲学史上，与我们刚才讨论的利己主义密切相关的一种学说为这个问题提供了一个答案。这就是享乐主义——坚信人生的意义在于享受生活，因此最好的生活就是最快乐的生活。利己主义和享乐主义之间的联系是如此紧密，以至于区分这两种观点并不总是那么容易。例如，在前一章讨论的对话《高尔吉亚篇》中，卡利克勒斯信奉的观点既是利己主义的，也是享乐主义的。

昔勒尼学派

然而，最早倡导享乐主义哲学的古代哲学流派并不是智者学派（这是通常赋予高尔吉亚和卡利克勒斯的标签），而是昔勒尼学派（Cyrenaics）。昔勒尼学派以其创始人亚里斯提卜（Aristippus）的出生地命名，昔勒尼是古希腊的一个城镇，位于现在的利比亚。昔勒尼学派认为，快乐是唯一存在的自然之善。也就是说，有且只有快乐，是被所有人普遍认为可取的。相反，痛苦是一种自然之恶，是全世界都认为不可取的东西。因此，赞扬一种拥有尽可能多的快乐和尽可能少的痛苦的生活是最好的生活，就是用身处所有文化和时期的人都能欣赏的表达方式在说话。这就是在强调说，快乐是一种自然而非传统之善，痛苦则是一种自然之恶。

在这方面，快乐和痛苦与荣誉和耻辱之类有着明显的区别。其区别又有两个方面。首先，荣誉并不被普遍认为是好东西，耻辱也不被普遍认为是坏东西。例如，在一些文化中，人们有很强的家族荣誉感，并对任何玷污家族姓氏的事情都感到恐惧。而在其他文化中，人们并没有这种感觉。其次，对于什么是荣耀的，什么是可耻的，在不同文化间是有异议的。尽管引起痛苦的事情在任何地方都会引起痛苦,但在一种情况下引起耻辱的事情在另一种情况下却可能毫无意义。例如,在一些社会中,未婚先孕是一件可怕的事情。而在任何社会中,被发现罹患癌症都是一件可怕的事情。如此一来的影响之一是,与快乐和痛苦不同,以追求荣誉和避免耻辱为基础的理想,往往会在有关生活应该是什么样子的截然不同、相互竞争的生活观念面前瓦解。我们可以故意拒绝未婚先孕是可耻的想法,然而我们不能拒绝罹患癌症是痛苦的事实。另一个影响是,荣誉和耻辱是高度依赖于特定时代和地方风俗习惯的价值。纳撒尼尔·霍桑(Nathaniel Hawthorne)的小说《红字》(*The Scarlet Woman*)讲述了在清教当道的新英格兰的一位未婚母亲的故事,描述了在当代英国根本不会出现的某种程度的羞耻感和社会排斥感,毕竟英国40%的孩子是非婚生的。相比之下,自然价值的世界则保持着不变。

在这两个方面,痛苦和快乐都不同于其他价值观。这就是所谓"自然的"善恶的含义,这一特征似乎使享乐主义比其他可能的价值哲学更具优势。昔勒尼学派和其他一些思想家就是这么想的。这个问题我们稍后再谈,在此之前还有其他问题需要提出来。我们如果暂时接受快乐是唯一的自然之善,就有理由将追求快乐和避免痛苦作为我们生活的主要目标,而我们仍然面临着这样一个问题:什么样的生活方式会提供最大限度的快乐?根据持有享乐主义流行版本的昔勒尼学派的说法,最好的生活是尽可能满足了身体上的快乐——饮食、性生活等等——的生活。这是一个关于好生活的愿景,至今仍有它的信徒。但是,我们如果认真地考虑一下它,很快就会发现,虽然快乐和痛苦可能是对立的——一个是好的而另一个是坏的,但在最直接的情况下,它们通常是相互伴随的。其结果是,在追求身体上的快乐的过程中，几乎不可能避免身体上的痛苦。

例如，一顿美餐带来的乐趣在某种程度上取决于食欲（亦即饥饿感）。只有忍受了（至少在很小的程度上）饥饿的痛苦，我们才能真正享受接下来的盛宴。同样，许多人觉得酩酊大醉很令人愉快，但醉酒之后通常会伴有恶心、头痛和宿醉。又如，注射海洛因据说会引起身体和精神上无与伦比的愉快感。但它也会使人的感官麻木，以至于那些受其影响的人常常会伤害自己，并在以后遭受相当大的不适和痛苦。性生活的乐趣也不是纯粹的。有些人（也许在某些时候，我们所有人）会发现通常被认为是非法的性行为很诱人。但在现实世界中，一旦涉及色情活动，就将面临患上性病、疱疹、艾滋病和其他痛苦的、有时甚至致命的疾病的风险。即使是相对安全的性满足形式，例如色情节目和色情电影，通常也会伴随一些负面影响，这些负面影响要是只是他们通常提供的强售饮料的离谱价格与住宿条件的粗陋不堪就好了。

因此，昔勒尼学派的好生活理想在理论上比在现实生活中更有吸引力。我们如果认真对待它，就会明白它是无法实现的。因此，作为一种理想，它是毫无价值的，这是值得强调的一点。那些不轻易接受道德说教者的训诫，或者对虔诚者的宗教"快乐"感到不舒服的人，常常会暗自怀疑，如果没有教养和习俗的约束，我们都会选择一种最直截了当的快乐生活。但事实上，正如我们所看到的，不顾社会习俗和约束的生活是否真的可能，还远不清楚。这方面有许多明显的例子。其中一个是暴饮暴食。这在当下不再被视为一种罪恶，但那些沉迷于饮食乐趣的人会变得肥胖，并患上随肥胖而来的所有疾病。另一个是吸烟。大多数人吸烟是为了获得快乐，但经常吸烟过量也会导致痛苦，有时甚至会患上无法治愈的心脏和肺部疾病。偶尔，那些因吸烟或暴饮暴食而患上危及生命的疾病的人会认为，他们所获得的快乐足以补偿如此可怕的结局，但这并不能改变这一点：在这些情况下，追求一种充满快乐而没有痛苦的生活被证明是不可能的。

伊壁鸠鲁学派

然而，这种不可能性不是必然的，而是偶然的。醉酒和宿醉、性滥交和艾滋病之间没有必然的联系。这些快乐带来了痛苦，只是因为这个世界恰好就是这样。这意味着，昔勒尼学派的好生活观的缺陷不在于它把快乐放在首要位置，而在于它把某些种类的快乐（即直接的身体快乐）放在首要位置。除其他人外，古希腊哲学家伊壁鸠鲁（Epicurus）也注意到了这一点，他的名字被用于命名另一个版本的享乐主义——伊壁鸠鲁主义（Epicureanism）（根据我们对伊壁鸠鲁的了解，这有点用词不当，因为他自己主要的哲学兴趣似乎在完全不同的问题上）。

这一版本的享乐主义可以在日常用语中找到反映。"美食家"（epicure）是指品味生活中美好事物——美酒、美食、好伴侣、文雅的文学作品、优雅的服饰等等——的人，这个词的这种用法忠实地反映了伊壁鸠鲁学派的观点，即生活如果要充满快乐，就只能充满那些通常没有伴随着痛苦的快乐。现在，我们应该注意到，这些将是相对温文尔雅的快乐——有美酒但不要太多；口味细腻的便餐将吸引美食家但不会吸引贪吃者；音乐和戏剧让人愉快，但又不会激起萎靡的情绪；等等。事实上，正如这一系列例子所表明的，伊壁鸠鲁学派关于快乐和好生活的哲学与享乐主义的流行观念形成了鲜明的对比，因为它几乎没有包含通常被认为是放纵的东西。事实上，它要求其信奉者放弃许多人们通常感到"最"令人愉快的东西。

当然，它之所以这样做，是因为只有那些优雅而温和的快乐才不会伴随痛苦，因此也只有这些快乐才能充实生活。但与此同时，很明显，这些都是后天获得的快乐，对那些以这种方式寻求快乐的人来说，追求这些快乐需要受到很多的约束。我们不会自然地限制自己只喝一两杯最好的葡萄酒。如果任由他们自行其是，更多的人就会在摇滚乐或重金属乐的噪音和节奏中享受快乐，而不是去欣赏波凯利尼小步舞曲（Boccherini's Minuet）的精致和声。这就提出了一个重要问题。如果伊壁鸠鲁学派提倡的快乐生活，是我们必须习得的一种生活，那么它能继续宣称有"自然的"（natural）魅力吗？所谓"自然的"魅力，似乎是享乐主义相对于其他哲学的巨大优势。昔勒尼学派版享乐主义的过度在伊壁鸠鲁学派版的享乐主义中得到了缓解。但是，如果伊壁鸠鲁主义要求我们放弃"自然的"快乐和痛苦，那么收益似乎会远远大于损失。

密尔论高级快乐和低级快乐

享乐主义认为快乐是一种自然之善，也是唯一的自然善，相应地，痛苦是唯一的自然恶。然而，我们现在已经看到，我们如果试图在生活中寻求将快乐最大化和将痛苦最小化，那么最终会过上一种特定的生活，一种伊壁鸠鲁式的生活，一种不同于通常享乐主义所推崇的生活。因此，享乐主义是一种真正的生活哲学——它为我们提供了关于最佳生活方式的明确指导。但它规定的生活方式并不会吸引所有人。比如说，那些渴求道德努力（moral endeavour）或艺术成就的人会觉得它不值得，而那些寻求激情和刺激的人会认为它很无聊。这意味着它并不具有普遍的吸引力，而普遍的吸引力是快乐应该具备的。事实是，这种快乐的生活只推崇一些快乐。无论在抽象意义上真正的快乐可能是什么，任何给定的快乐，包括享乐主义最终推崇的快乐，在任何意义上都是自然之善，这并不是真的。

在一定程度上，这是由这一事实表明的：显然，我们可以在各种快乐之间做出清楚的区分。这是一位更晚近的哲学家非常关注的可能性。约翰·斯图亚特·密尔（John Stuart Mill）是一位19世纪的英国哲学家。像昔勒尼学派和伊壁鸠鲁学派一样，他认为快乐是自然之善，痛苦是自然之恶，因此，在密尔的道德哲学中，快乐和痛苦被用来作为评估好生活的标准。但密尔也认为，人们可以过的各种生活之间存在着重要的差异，这些差异不能用快乐来直接解释。

他举了一个著名的例子：我们可以想象一头猪，它的生活几乎充满了猪的快乐；我们还可以想象苏格拉底，他在智识上的成就虽然巨大，但却导致了这个令人沮丧的看法，即他最大的成就是意识到自己所知甚少。猪是满足的，苏格拉底是不满足的，所以享乐主义似乎会赞扬猪的生活。但密尔认为很明显（我们大多数人可能会同意），苏格拉底不满足的生活比猪满足的生活要好。而这必然使我们感到好奇，任何将快乐作为唯一本身是好的东西的诉求会如何解释这种差异。在尝试给出解释时，密尔引入了高级快乐和低级快乐之间的区别。他认为，快乐确实是价值的试金石，但有些快乐比其他快乐更好。

这怎么可能呢？当然，我们如果宣称某些快乐比其他快乐更好，那么一定是在援引一个"更好"的标准，而不是快乐本身的标准。如果是这样的话，就表明快乐并不是唯一的善。为了避免这一结论，人们通常会做出两个改变。首先，有时人们会说，高级快乐和低级快乐之间的区别是根据快乐的量来解释的。高级快乐会带来更多的快乐。然而，这种区别完全是流于表面的。这一主张不能在快乐之间确立任何根本的区别，因为它使高级快乐和低级快乐之间可通约。也就是说，只要我们把足够多的最低级快乐叠加起来，我们就能得到相当于最高级快乐的快乐。例如，假设我们认为阅读莎士比亚是一种高级快乐，而吃甜甜圈是一种低级快乐。如果两者之间唯一的区别是快乐的量，那么我们只要吃足够多的甜甜圈，就可以获得在伟大的戏剧中获得的等量快乐。

当然，有人可能会接受这一结论，并同意快乐是可通约的，读莎士比亚或听贝多芬的快乐可以通过吃足够数量的甜甜圈或看足够数量的《豪门恩怨》(Dallas)剧集来补偿。但是，同意这一点就等于否认有不同类别的快乐。由此可知，快乐的量并不能像密尔所希望的那样为我们提供区分快乐的方法。

不过，密尔本人并没有诉诸量，而是诉诸品质。他认为，高级快乐带来了一种不同的、更高品质的快乐。然而，很难知道这一主张是否提供了任何解决方案。难道关于更高品质的快乐的想法没有援引快乐本身之外的一个更好和更坏的标准吗？即使没有，这个建议作为另一种区分的方法也是无益的，因为按照密尔的解释，我们实际上无法区分高品质的快乐和低品质的快乐。

我们可以通过探究密尔提出的区分快乐的方法来明白这一点，即询问那些同时经历过高级和低级快乐的人，他们更喜欢二者中的哪一种。从表面上看，这似乎是一个明智的程序；谁能比一个两件事都经历过的人在二者之间做出更好的判断呢？但实际上，这种方法没有确立任何东西。假设我们问一个既听过歌剧又听过乡村音乐的人，其中哪个是高级快乐，而她的回答是"歌剧"，那么对这个回答就有两种可能的解释。一种可能的解释是，这两种音乐引起了不同品质的快乐，体验过这两种音乐的人有区分它们的敏锐感觉，她发现歌剧带给她的快乐比乡村音乐和西部音乐带给她的快乐品质更高。不过，另一种同样好的解释是，她的音乐品味就是这样，她只是觉得歌剧比乡村音乐和西部音乐更令人愉快。在此，对于那些想要区分高级快乐和低级快乐的人来说，这显然是至关重要的：她的有偏好的判断应该用第一种方式来解释，而不是用第二种方式。然而，我们怎么会知道真的就是如此？无论孰是孰非，她判定的结果都将是一样的。但是，我们如果无法知道第二个解释是正确的，就没有一种"方法"来区分不同快乐的品质。结果是，我们可以要求任何数量的"评判员"提供证词，但我们仍然不会以任何有意义的方式积累起证据，因为每一个裁决都将面临这一相同的解释歧义。

密尔（或其他任何人）也从未真正使用过这种方法。事实上，密尔认为，他比用任何方法都要更早地知道哪些快乐是高级快乐，因此，如果两种方法都尝试过的人告诉他，洗热水澡是比哲学更高级的快乐，他会将其作为一个无知者的判断而不予理会。这表明，密尔认为应诉诸称职的评判员的权威，此时权威不是作为高级快乐的证据，而是作为一种标准或一项测试。在宣布某些快乐具有更高品质时，称职的评判员并没有向我们提供证据。相反，被提及的快乐是一种高级快乐，只是因为有称职的评判员更喜欢它。例如，我们可以说一段音乐给人提供了更高品质的快乐,如果那些非常了解音乐的人事实上更喜欢它的话;就像我们可以说一种酒的品质更高,如果它被那些品尝过很多葡萄酒的人所喜欢的话。

这一变通了的解释有几个问题。称职的评判员之间实际上是否有足够的一致意见,或者我们是否会发现快乐的"品质"变化难道取决于我们问的是谁吗?称职的评判员是否必须以快乐为理由来选择,或者他们的选择是否可能基于其他理由?即使这些问题能够得到令人满意的回答,仍然存在与之前提到的相同的问题。我们怎么知道那些听了很多音乐或品尝了很多葡萄酒的人的品味"更高雅",而不仅仅是与那些没有听过或品尝过的人的品味"不同"呢?在这个问题得到回答之前,无论我们如何解释,密尔关于高级快乐和低级快乐的描述,都仍然是一个武断的规定。

因此,诉诸高级快乐和低级快乐收效甚微,引发的问题比解决的问题更多。然而,重要的是要强调,我们迄今为止所说的,没有什么与密尔显然赞同的观点(即人类从中获得快乐的某些活动比其他活动更好)相悖。那么,业已表明的是,它们"更好"的标志不可能是它们产生了高级快乐。我们确实可以从"高级"的事物中获得快乐,但使它们变得"高级"的不是它们给我们的快乐,而是事物本身的其他方面。由此可知,除了快乐之外,肯定还有别的善,因此,严格的享乐主义是错误的。

施虐者的快乐

享乐主义者可能会回应说,只有我们首先接受密尔开始其论证的前提之一，即令苏格拉底不满的生活比令猪满意的生活要好，这种对他们哲学的反驳才会成功。但也许我们不需要接受这一点。事实上，始终如一的享乐主义者不应该这样做。如果快乐是唯一的自然之善，那么任何充满快乐的生活都和其他生活一样好，也比痛苦和不满的生活更好。与密尔和大多数人的想法相反，接受这一点就是接受苏格拉底有理由嫉妒猪，因为猪过着更好的生活。考虑到我们的能力和利益，这一事实——我们和苏格拉底都不会觉得猪喜欢的那种生活是令人愉快的——误导了我们，让我们认为猪的生活并不好。但从一个执着的享乐主义者的角度来看，它是好的，因为它充满了快乐，而快乐是唯一的自然善。当然，充满快乐的人类生活会包含许多不同于充满快乐的猪的生活的活动，但它不会包含更多的快乐，也就不会有任何更好的地方。因此，可以说，享乐主义通过否认不同类型的快乐在价值上存在任何差异，从而避免了密尔诉诸高级快乐和低级快乐所遇到的困难。

事实上，这一否认让我们回到了苏格拉底和卡利克勒斯之间的争论。我们还记得，苏格拉底曾提请卡利克勒斯注意这样一个事实，即就欲望的满足而言，那些成功完成了自己设定的高要求和艰巨任务的人，和那些成功过着他们所满足的懒惰和粗俗生活的人之间并没有什么区别。这一点可以很容易用快乐来表达。如果快乐是最重要的，那么我们就不能为外科医生通过要求极高的手术拯救一个孩子的生命所获得的快乐高于虐待狂从他正在折磨的动物的痛苦中获得的快乐这一观点辩护。然而，对大多数人来说，似乎显而易见的是，这两者之间存在着一个至关重要的区别。

这个特别的例子是我举的，但当苏格拉底做出英雄的快乐和粗俗的快乐之间的对比时，卡利克勒斯承认二者确实存在有待解释的区别。正是这一承认为他的失败埋下了伏笔。如果他没有承认这种区别，这场争论就不得不转向不同的方向。同样，如果彻底的享乐主义者坚持认为，只要施虐者获得的快乐与治疗师获得的快乐一样多，施虐者和治疗师过着同样好的生活就是千真万确的，那么诉诸二者之间所谓的差异并不能反驳他们的论点。一个始终如一的享乐主义者没有卡利克勒斯那样的问题。

对某些人来说，这恰恰表明享乐主义是多么堕落的一种哲学。但就哲学说服力而言，这种堕落并非那么明显。首先，我们应该注意到，享乐主义者并不建议将施虐作为一种生活方式。享乐主义也不一定是利己主义的，也就是说，它不是只关心自己的快乐。享乐主义者不必否认，被施虐的受害人的生活不可能更糟糕了。相反，鉴于享乐主义者认为痛苦是一种自然恶，他们会积极地断言这一点。更确切地说，他们的观点是，如果一个人的心理确定无疑是非常不正常的，他享受施虐的方式就像我们大多数人享受自己喜欢的活动一样，那么他的生活将和我们的生活一样快乐。现在，即使享乐主义者也会犹豫是否要明确赞扬施虐者的生活，因为施虐者造成了很多痛苦和折磨。但很难看出，在为施虐有这么多辩护的话要说、施虐者从中得到了很多快乐的情况下，他们可以不去重视它。

正是这最后一点与公认的观点背道而驰。尽管享乐主义者可能会认为施虐者从他的伤害性活动中获得快乐并没有使整体的天平从消极倒向积极，但他们必须将其视为正面的一点；如果没有快乐来抵消受害者的痛苦，情况会更糟。相比之下，对大多数人来说，同样的事实只会使施虐者的行为变得更糟，而不是更好。因此，在应用于这种情况时，享乐主义与传统观点发生了尖锐的冲突，对正常的情感来说，它是非常难以接受的。然而，仅仅是某些观点不合常规或不受欢迎这一事实本身并不表明它是错误的。那些最先提出地球不是平的观点的人也在否认传统观点。要驳斥作为一种价值哲学的享乐主义，需要诉诸的不仅仅是我们一直在考虑的那种有违直觉的例子。为了找到一个最具实质性的反对意见，现在我们应该求助于另一位古希腊哲学家亚里士多德。

亚里士多德论快乐

亚里士多德是柏拉图的学生，曾是亚历山大大帝的导师，也是雅典学园的院长，在那里他对人类知识的几乎每一个分支都进行了讲授和原创性研究。他的大部分思想都是通过他的学生们的笔记流传至今的，正是在其中一组名为《尼各马可伦理学》（*Nicomachean Ethics*）的讲课笔记中，我们可以找到他关于快乐的思想。亚里士多德并不反对快乐是一种善的观点。事实上，在《尼各马可伦理学》中，他明确表示："快乐必然是一种善"，他甚至将首要的善描述为"某种快乐"（《尼各马可伦理学》，第7卷第13节）。但他认为，除非我们仔细探究快乐的含义，否则我们无法充分评估享乐主义的功绩。

当享乐主义者推崇快乐时，他们到底在推崇什么？让我们从快乐与痛苦的对立开始。正是基于这种对立，昔勒尼学派版和伊壁鸠鲁学派版的享乐主义才得以形成。然而，很明显，这两者之间存在着重要的不对称。"痛苦"一词既可以用来指特定的身体感觉，也可以用来指任何不想要的体验。一把刀能使我的腿疼痛，一句不友好的话也能使我痛苦，但这两种痛并不相同。前者是一种可定位的感觉，后者是一种心理体验。

然而，当我们谈论快乐时，我们不可能指一种可定位的感觉。我的腿可能会疼痛，但这从来都不会是一种快乐。当然，一些身体上的感觉可能是快乐的，例如与饮食和与性生活有关的感觉，但这并不能使快乐本身成为一种感觉。正确的说法是，饮食、性生活等等产生了快乐的感觉，而不是产生了快乐。这是一个需要把握的重要观点，原因有二。首先，它对"快乐是一种自然之善"这一观点做出了不同的解释。让我们同意，有理由将身体上的痛苦称为"自然之恶"，因为它是人类和其他动物本能地寻求避免的一种感觉（应该指出的是，并非所有哲学家都认为痛苦在这个意义上是一种自然之恶，部分原因是人类有时确实表现出积极地重视痛苦，例如在成人典礼上）。但是，如果没有与痛苦相对应的快乐感，那么就没有什么是自然之善，就像痛苦是自然之恶那样。我们最多只能说，有些感觉是令人愉快的——那些与性生活有关的感觉就是一个明显的例子——人们会自然地寻求这些感觉。人们是否因为它们令人快乐而寻求它是另一回事。因此，即使我们同意人类自然地寻求性满足，我们也不能直接得出他们自然地寻求快乐的结论。至少，这幅图景比痛苦的图景要复杂得多。

痛苦和快乐之间不对称的第二个含义是这样的。虽然（性生活）确实有令人愉快的感觉，但其他事情也可以是令人愉快的。洗个热水澡可能会令人愉快，而交谈或打一场网球也可能会令人愉快。因为早期的享乐主义者对痛苦与快乐的区别印象特别深刻，所以他们倾向于忽视这样一个事实，即除了感觉之外的其他事情也可以是令人愉快的。因此，当他们谈到快乐时，他们专注的是令人愉快的感觉。正如亚里士多德所言：

> 既然对所有人来说，最好的本性和最好的性格都不是（或被认为不是）一样的，那么即使所有人都追求快乐，也不会追求同样的快乐……然而，身体上的快乐已经取代了快乐这个名称的头衔，因为它们是我们最常遇到的快乐，且因为人人都可共享它们；于是，由于它们是人们唯一认识的快乐，人们就认为它们是唯一存在的快乐。
>
> （《尼各马可伦理学》，第 7 卷第 13 节）

换句话说，快乐不是单一的。因此，尽管（根据亚里士多德的观点）人们确实在寻求快乐，但这并不意味着他们都在寻求同一种感觉。事实上，

> 有些快乐实际上并不涉及痛苦或欲望……快乐［包括］活动和目的……；并不是所有的快乐都有一个外在于自己的目的……这就是为什么说快乐是可感知的过程是不对的。
>
> （《尼各马可伦理学》，第 7 卷第 12 节）

亚里士多德在此想强调的是，为了快乐而从事的活动可能在一些重要方面有所不同。有些人可能会为了性交所产生的快感而进行性交。在这种情况下，用亚里士多德的话来说，快乐寓于活动结束时由活动产生的感觉。但并非所有令人愉快的活动都像性行为一样。例如，高尔夫球给数百万人带来了极大的快乐，但是为了快乐而打高尔夫球并不是为了某种独立于这项活动本身的目的而打。快乐并不在于挥动高尔夫球杆所产生的神经系统的特殊感觉，而在于这项游戏本身。这就是亚里士多德所说的"并不是所有的快乐都有一个外在于自己的目的"的意思。

简言之，快乐有不同的种类，像享乐主义的粗糙版本那样，认

为寻找快乐就是寻求引起快乐感的方式,是错误的。尽管有时如此,但更多时候并非如此。在大多数情况下,追求快乐意味着从事令人愉快的活动。享受你正在做的事情就是全身心地投入其中。这就是亚里士多德的想法——当他说,快乐不是一个"可感知的过程",而是"不受阻碍的活动"时。全神贯注于一项活动就是为了活动本身而参与其中,将其视为兴趣和价值的来源。如果我喜欢修复古董,这意味着我发现这项活动充满了趣味,值得从事,不管它可能带来什么其他好处,比如金钱。而这意味着活动本身具有价值,独立于它所带来的快乐。我喜欢这项活动,并不是因为它带给我快乐。相反,它给了我快乐,正是因为它是一项我喜欢的活动。亚里士多德在其他地方也就"胜利"说过同样的话。获得胜利并因此获得荣誉,会给人带来快乐,因为这些本身就是善业(good things)。它们的善并非源自它们给人带来快乐的事实。

这一针对快乐的理解为看待享乐主义提供了一种截然不同的视角。我们如果把享乐主义看作寻求快乐和享受的指示,那么可以看到,这不是我们可能以为的简单训谕。任何这样的建议都确实应该用复数形式来表达——"寻求快乐"(seek pleasures)。但这给我们留下了一个问题:"哪些快乐?"亚里士多德和密尔一样,会说"善的快乐",但与密尔不同的是,他认为它们的善性标志必须来自它们仅仅作为快乐存在之外的其他东西。亚里士多德会说,在最普遍的层面上,享乐主义者想要快乐的生活是正确的,而最快乐的生活就是幸福的生活。这种生活的价值是双重的——包含快乐和幸福,但快乐源自幸福。所以,如果我们想知道什么是好的生活,那就是我们应该乐在其中的那种生活。对此,我们需要更多地了解幸福而不是快乐。

拓展阅读建议

一、原始文献

第欧根尼·拉尔修（Diogenes Laertes）：《名哲言行录》（*The Lives of the Philosophers*）

约翰·斯图亚特·密尔（John Stuart Mill）：《功利主义》（*Utilitarianism*）

二、评论

J. C. B. 戈斯林（J. C. B. Gosling）、C. C. W. 泰勒（C. C. W. Taylor）编辑：《希腊人论快乐》（*The Greeks on Pleasure*）

理查德·泰勒（Richard Taylor）：《善与恶》（*Good and Evil*）第 6 章至第 7 章

罗杰·克里斯普（Roger Crisp）：《密尔论功利主义》（*Mill on Utilitarianism*）

三、当代讨论

J. L. 麦基（J. L. Mackie）：《伦理学：发明对与错》（*Ethics: Inventing Right and Wrong*）

第四章　自然主义与德性论

　　反对享乐主义最有说服力的论据之一来自亚里士多德对快乐的分析，但由此推断亚里士多德完全拒绝享乐主义就大错特错了。相反，他同意享乐主义者的观点，认为快乐是生活中非常令人向往的一个方面。他们的错误不在于重视快乐，而在于错误地理解了什么是快乐。他们认为快乐是由某些活动产生的一种特殊体验，这种体验解释了为什么我们重视这些活动，就像有些活动给我们带来痛苦这一事实解释了我们为何消极看待它们一样。换句话说，享乐主义者将快乐理解为一种感觉，是痛苦的积极对应物。

　　然而，这是一个错误，它导致我们认为，活动如果能产生快乐就是有价值的。而在亚里士多德看来，这种关系恰恰是相反的——一项活动如果是有价值的就能产生快乐。比如，我从打高尔夫球中获得了乐趣，因为我认为这是一项很好的运动。当我能把它打好时，我发现它更令人满意。如果我们把这一分析应用到一般的好生活中，那么，我们渴望的焦点不应该是娱乐或身体上的快乐，而是追求那些有价值的活动，参与这些活动会给我们带来快乐和满足。综合起来，美好而有意义的人生的结果不是享乐（hedos），而是幸福（eudaimonia）。

　　Eudaimonia 通常被翻译为"幸福"，但这并不是一个非常有用的翻译。它来自希腊语，意思是"好"（good）和"精神"（spirit）。虽然在英语中，"being in good spirits"（精神良好）这一表达抓住了健康幸福生活的某个方面，但也许 eudaimonia 最好的翻译是更通用的术语"well-being"（幸福）。但是，无论我们选择什么英语对应词，需要强调的是，这个希腊语词汇带有积极介入事物的意味，而不是简单被动地体验事物。在亚里士多德看来，幸福的人不是生活中充满被动快乐的人，而是在所有表征人类特征的活动和才能上都表现出色的人。幸福不仅仅是对自己命运的满足，而且是保持健康的欲望、富有想象力和卓有成效地运用自己的心智，以及建立良好的个人、职业和公共关系。本章将探讨的是幸福（happiness or well-being）概念。

理性的动物

　　对亚里士多德来说，人类只是一种动物，即"智人"（Homo sapiens）这个物种。现在，这是一个毋庸置疑的事实，无论我们多么容易忘记它。鉴于这一事实，我们可以期望通过通盘考虑我们的自然体质和我们在自然界中的独特地位来知悉关于我们自己的重要事情。学到这些经验教训的第一步是明白"什么是好生活"这一问题可以向各种各样的生物提出。例如，以盆栽植物为例。我们知道，在某些条件下，植物会繁茂生长，而在另一些条件下——太湿或太干、太亮或太暗、太热或太冷等，它们则会枯萎和死亡。此外，正是这些条件，根据植物的不同类型而有所不同。例如，适合仙人掌生长的条件并不适合热带兰花。由此我们可以说，植物的生存条件有好有坏。

同样，动物们会在不同的条件下患病和死亡——马不能以肉为生，狮子不能以燕麦为生，鱼不能在陆地上生活，鸟不能在水下生存。但对动物来说，好的生活不仅仅是生存的问题。一种植物或一种动物可能存活着，却是在虚弱、多病或畸形的情况下。所以，如果我们要区分一种植物或一种动物活得好是什么状态，我们要说的是"繁茂生长"，而不仅仅是简单生存。现在，我们可以像亚里士多德一样，称一种植物或一种动物繁茂生长的条件为对该事物而言的"好"。在这些条件下，我们可以将所讨论的事物描述为生活得很好，是同类中的典范。例如，在这样一种生存模式（即拥有适当种类和数量的食物、锻炼和同伴）中，就会养成一头身体状况良好、行为举止自然的狮子。相反，正如我们从动物园和马戏团对待动物的情况中得知，如果狮子被关在笼子里，与同类隔离，在不必狩猎的情况下进食，它的体质就会恶化，行为也会变得失常。

亚里士多德认为，我们可以以同样的方式发现"对人类而言的好"（good for man），从而发现一个人活得好是什么状况。也就是说，既有可能探究出促使人类繁荣昌盛的各种活动，即人类天生擅长的那些事情，也有可能阐释出使之成为可能的条件。通过这种方式，亚里士多德得出的对好生活的看法与他的前辈们有着重要的不同。享乐主义者和柏拉图寻找的是一种胜于一切的好且本身就好的东西（当然，他们各自都给出了非常不同的答案，并且在"好"与"好生活"的关系上存在进一步的分歧），亚里士多德的观点则暗示了不存在仅有一种的好，因为什么是好的，什么是不好的，必然总是相对于某种自然类属或其他的事物而言。我们可以说，没有一样东西是"完全的好"（good full stop），只是"相对的好"（good for）。对仙人掌来说好的东西，对兰花不好；对马来说好的东西，对狮子不好；以此类推，包括对人类来说好的东西，也可能对别的物种不好。

因此，"好"不是某种抽象的物体或属性，仿佛它能够独立于人类和其他生物而显露出来。毋宁说，它是一种由不同生物的本性所决定的生存方式。同时，以这种方式去建立良好的亲缘关系，并不是以卡利克勒斯、色拉叙马霍斯等主张的样式使其主观化，因为某种东西对马、狮子或梧桐树来说好或不好，是一个可以确定的事实。我们不能断定（decide）燕麦对狮子有益，因为狮子的茁壮成长要么通过吃燕麦，要么不通过吃燕麦。人类也是如此。我们不能断定父母的照顾对孩子有好处，也不能断定心理稳定的人比神经病和精神病患者更好，因为这些都是可以发现的事实。

哲学家们有时通过区分"好"这个词的"定语"用法和"表语"用法来标记这种差异。其定语用法的一个例子，是当我说"这个蛋糕很好"（This cake is good）时。现在，显然可以将这一用法解释为（就像主观主义者所做的那样）宣告性的或表达性的——说"这个蛋糕很好"只是意味着"我真的很喜欢这个蛋糕"（I really like this cake）。根据这种解释，"好"这个词通常不过是用来表达个人的喜好或偏好。但当我说"阿司匹林是一种好的止痛药"（Aspirin is a good painkiller）时，我是在采取"好"这个词的表语用法，我所说的是对世界做出的一个声明，而不仅仅是表达一种偏好。我可能喜欢阿司匹林的味道（如果它有味道的话），但如果事实上它不是一种好的止痛药，那么即使世界上所有人都喜欢它，也不能让"它是一种好的止痛药"成为事实。

在亚里士多德的概念中，"一个好人"和"一种好生活"这些表达都是"好"这个词的表语用法。因此，我们可以在任何特定情况下询问它是否被准确地使用了。然而，我们回答这个问题的能力，取决于我们对做出这种判断的恰当依据的理解。正如一株好的兰花（标本）是一株能展示出这种植物所有优点的兰花一样，一个好人是一个在其生活中表现出那些人类卓越特质的人。因此，回答"××是个好人吗"这一问题，要求我们了解人类在其独特的最佳状态下是什么样的，并将在回答"我们应该想要什么样的生活"这一问题时包含对这样一个人的描述。

对人类而言的"好"

但是，什么是人的好生活呢？在《尼各马可伦理学》中，它被认为是"合乎德性的灵魂活动"，这是一个听起来虔诚的表达，就目前情况来看几乎没有任何启发性。然而，它的含义其实并不那么难以辨别。尽管这句话可能给现代人留下了这样的最初印象，但亚里士多德关于"人的好生活"的观点几乎与宗教无关，甚至与我们通常理解的道德无关。翻译为"灵魂"（soul）的希腊词是"psyche"——我们由它得到了"心理学"（psychology）这个词，指的是人类拥有的心智或理性能力，而不是任何精神本质。"德性"

(virtue) 是对 "arete" 的翻译，意思是 "卓越"（excellence），所以 "合乎德性"（in accordance with virtue）的意思只是 "以尽可能最好的方式"（in the best possible way）。因此，亚里士多德关于好生活的观点是，在这种生活中，我们用我们的头脑，以尽可能最好的方式去创造、行动和思考。这当然是抽象的好生活。它需要通过诉诸人类的真正本性来充实内容。

这里需要强调的是，亚里士多德诉诸心灵活动并不意味着智识努力或学术探究构成了好生活。更确切地说，他心目中的智慧涉及人类活动的方方面面，是制陶工人、政治家和父母在各自的任务和职业中都可能使用到的那种智慧，且不亚于科学家和哲学家。事实上，亚里士多德将理性（phronesis）或实践智慧（practical wisdom）而不是智识上的才华置于好生活的核心，因为即使是最高形式的知识探究也需要以理智为指导，才能卓有成效地进行。

从亚里士多德的 "好" 概念中浮现出来的人的理想生活图景是一种符合中道（moderate）的生活，而不是一种英雄的生活。它必然会给我们留下合理和明智的印象，而不是令人兴奋或鼓舞人心的印象。亚里士多德认为，那些能够过上好生活的人都是中年人，他们受过良好的教育，经济上有保障，在社会上受到尊重。无论是奴隶、穷人、无知的人还是愚蠢的人都不可能过上好生活，因为作为人，成为其中的任何一种，都将是有缺陷的，就像树木可能生长不良或动物可能畸形一样。此外，有些人一心追求某个目标或努力在一件事上出类拔萃，比如说在体育、音乐或政治方面，如果这样做不利于经济繁荣、交友、组建家庭、获得社会地位或接受全面教育，那么也会过上贫困的生活。对亚里士多德来说，重要的是全面的卓越，而不是在一两件事上的卓越。

亚里士多德道德哲学的一个暗示是——奴隶、穷人和残疾人的生活不是好生活，人类的好生活是天才和成功人士的专利，在现代人看来这有时会招致反感。这是因为，在当代世界，"好生活"这一表述具有一种道德内涵（将在后面的一章中讨论），而这种内涵在亚里士多德这里是没有的。他的观点仅表明了大多数人都会同意的观点，即自由比做别人的奴隶好，生活在合理的富足中比生活在贫困中好，在某些事情上有天赋（或至少有所成就）比一无是处好。对于亚里士多德来说，这些判断并不是基本的道德或评价意见——别人可能同意，也可能不同意。它们也不是构成利己主义基础那样的主观偏好的表达，甚至也不是享乐主义者所呼吁的那种自然偏好。相反，它们是对事实的陈述。这就引出了我们的下一个问题：这些"事实"是基于什么？

伦理学与社会生物学

亚里士多德和大多数古希腊人一样，认为一切事物都有其自然朝向的目的或结局，并视事物的存在方式而定，这个结局会或多或少地较好达到。因此，"橡树"是每一颗橡子的结局或目的，在合适的条件下，橡子就会长成一棵有着特定形状、大小、颜色等特征的橡树。那么，橡子的目的就可以在植物学书籍中出现的那种橡树的图片上找到。这样一幅图并没有告诉我们某棵特定的橡树看起来像什么样子，而是告诉我们任何一棵橡树看起来应该像什么样子。在不正常的情况下，如没有足够的水或过于暴露在海风中，个别橡树会偏离这一结局，它们会在某种程度上生长迟缓或出现畸形。

对一棵橡树完全长成或畸形的判断是基于栎属物种的生物学特性，我们认为现在的我们对此比亚里士多德了解得更多，这在很大程度上要归功于进化生物学（evolutionary biology）和遗传学。但是，尽管我们现在是在遗传学和生物学领域谈论它，我们仍然可以参考适当的条件，并使用诸如"发育不良"和"畸形"之类的评估术语。这为我们回答关于人类的规范性或评价性问题提供了一个线索。在亚里士多德看来，关于对与错、好与坏的事实，都是从事物的生物学事实中衍生出来的。因此，我们有关人的"好"的认识是我们对智人这一物种的生物学认识的一种构件。

亚里士多德是有史以来最伟大的思想家之一，按照古代世界的标准，他对生物学的理解是高度先进的。他认为，包括人类在内的每一个自然物种都有一种独特的、有待发现的功能，也就是说，每一物种都有一个特有的目的，我们可以从该目的中推导出对该事物而言的"好"。在这一构想的启发下，亚里士多德本人撰写的著作不仅使他成为生物学的创始人，而且对未来几个世纪的生物学发展产生了重大影响。但是近代的生物学，特别是自达尔文以来，已经取得了如此大的进步，以至于无论亚里士多德生物学在当时多么伟大，现在都已经被完全取代了。而这是否意味着亚里士多德主义的伦理学和评价性意涵也过时了呢？

许多年来，人们都是这样认为的，部分原因是现代生物学不再相信存在从创世之初就截然不同的、完全分离的物种。此外，生物学家不再认为从整体功能的角度研究动植物的生理特征有任何意义。在现代生物学中，我们可以描述解剖结构中某些部分的功能，例如狮子的解剖结构中心脏的功能，但我们不能合理地谈论狮子的功能。心脏服务于狮子身体的某个目的，但狮子不为任何目的服务。

即使对狮子的仔细观察揭示了其生理和行为特征模式，现代生物学依然认为，对这些特征的解释将不会在所有狮子自然追求的某些目的中找到，而将在它们的遗传结构中找到，这些特征是其遗传结构的一种表现或表达。因此，现代生物学并没有将我们引向研究单个物种以发现其独特的功能，而是将我们引向对微生物结构的研究，以揭示出独特的基因组。

这样看来，现代生物学并不是那种像亚里士多德生物学一样能够让我们得出关于对与错、好与坏的事实的研究。然而，亚里士多德主义近年来经历了某种程度的复兴。这是因为除了生物学之外，还有一项更接近亚里士多德的研究，这项研究可以让我们以他的方式言说，这就是动物行为学（ethology）的研究。"动物行为学"这个名字本身就表明了这门相对较新的科学与古希腊人关注的问题之间的联系，因为它是从古希腊单词中通过拉丁语派生出来的，意思是对特征的研究和描绘。在现代意义上，动物行为学可以被描述为对自然环境中动物行为的研究。其中，最早的著名倡导者是康拉德·洛伦茨（Konrad Lorenz），他的名著《论攻击性》（*On Aggression*）是基于狼的一项行为学研究。

动物行为学家告诉我们，我们如果不是去研究动物的生理机能，而是去研究动物在其所处自然环境中的行为，就会发现在某些条件下，动物无法茁壮成长，并且在其中，它们的自然行为可能会发生破坏性甚至是自我毁灭性的改变。例如，一种鱼类中的雄鱼身上带有刺，其目的是保护携带卵子的雌鱼免受捕食者的攻击。但是，如果一只雄鱼和一只雌鱼被转移到一个没有捕食者的安全禁闭的小水箱里，雄鱼最终会刺向雌鱼。这种行为显然是不正常的，因为它会毁灭雌鱼及其后代，而这是由于它们所处的非自然条件造成的。这些条件对鱼来说是根本不利的。

这类例子可以很容易地成倍增加，而且进化生物学进一步丰富了我们对自然功能的理解。在许多情况下，像刚才描述的保护性刺一样的功能有可能是在进化适应过程中出现的。植物和动物已经发展出它们所拥有的特征，因为这使它们能够更好地生存。达尔文的"适者生存"（survival of the fittest）这一说法因其在生物科学的发展中所发挥的重要作用而广为人知。但"最适者"（fittest）是一个规范性术语，旨在描述什么是天生好的和有利的东西。

动物行为学和进化生物学可以扩展到人类吗？这两者的结合，再加上社会科学的探索，产生了"社会生物学"（sociobiology）。这是一项研究的名称，它尤其与哈佛大学昆虫学家威尔逊（E. O. Wilson）有关，威尔逊写了一部题为《社会生物学：新的综合》（*Sociobiology：The New Synthesis*）的名著。威尔逊的观点是：

> 用自然史的自由精神来思考人类，就好像我们是来自另一个星球的动物学家，正在制作地球上社会物种的目录。在这一宏观视域下，人文科学和社会科学缩小为生物学的专门分支，历史、传记和小说是人类行为学的研究方案，人类学和社会学构成了单一灵长类物种的社会生物学。

（威尔逊《社会生物学：新的综合》，2000：547）

这项将人类作为互动的社会性高等动物与进化生物学相结合的研究，旨在以某种方式综合进化论、遗传学、行为学和社会学的见解，它将产生一种对最自然并因而最成功的人类生存模式的解释。威尔逊后来出版的更简短的《论人性》（*On Human Nature*），也许是对这种模式最直接的描述，但在德斯蒙德·莫里斯（Desmond

Morris）的《裸猿》（*The Naked Ape*）和理查德·道金斯后来出版的大获成功的著作《自私的基因》（*The Selfish Gene*）中，也能找到类似的东西。

德性论

社会生物学是现代版的亚里士多德生物学，它承诺就"人类的好生活是什么"这一问题做出回答。亚里士多德的思想在道德哲学中也有显著的复兴，这一事实进一步凸显了它的哲学重要性，正如最近的两本新书标题——阿拉斯代尔·麦金太尔（Alasdair MacIntyre）的《依赖性的理性动物》（*Dependent Rational Animals*）和菲莉帕·富特（Philippa Foot）的《自然之善》（*Natural Goodness*）——所显示的那样。这些哲学家（以及其他哲学家）认为，关注"好"的表语用法而不是定语用法会有很多好处。他们进一步认为，人们对所谓的"薄的"（thin）道德概念（如好与坏、对与错）给予了太多的关注，相比之下，对"厚的"（thick）道德概念（如慷慨、懦弱、鲁莽和谨慎）则关注不够。

这一路径的道德哲学，通常被称为"德性论"（virtue theory），它有三个有吸引力的重要特征。第一，它为道德主观主义和第一章中讨论的那种道德实在论提供了一个合理的替代方案。正如阿拉斯代尔·麦金太尔写道：

> 无论我们说某些特定物种的特定成员正在茁壮成长，正在实现它的好，或者这或那对它有好处（因为有助于它的兴盛）

意味着什么，我们都可以在同样的"兴盛"和同样的"好"的意义上，对蓟和卷心菜、驴和海豚做出这样的断言——很难设想在做出这样的断言时，我们是在归因于某种非自然的属性，还是在表达一种态度、情感或认可。

（麦金太尔《依赖性的理性动物》，1999：79）

这一点同样适用于人类和其他生物。像"健康""聪明""外向"和"懒惰"这样的词都含有真正的描述性内容。然而，说某人"好"或称他们的行为"对"，几乎没有告诉我们关于他们是什么样的人或做过什么事的任何信息。但是把他们描述为懒惰或聪明，就传达了大量关于他们的信息。

第二，这样的描述不是由我们喜欢或不喜欢决定的，而是由他们实际所做的事实决定的。当人们临阵脱逃时，无论我多么同情他们，我把他们的行为描述为勇敢的都是错误的。如果他们坚守阵地，直面危险，那么这个事实将迫使我把他们的行为描述为勇敢的，而无论我喜欢与否。所有其他有关德性的词汇也是如此。我可能不在乎别人的感受，但我仍然不能因嘲笑他们的痛苦而变得善良。我如果不把工作放在心上，无所事事地消磨时光，就免不了被指责为懒惰。

第三，有关德性的词汇的描述性内容是这样的，可以说它有一个"内置"（built in）的规范性要素。"好"和"坏"的意思似乎只不过是"使人愉快的"（nice）和"令人讨厌的"（nasty），而"慷慨"和"懦弱"等词更像是"营养的"（nutritious）和"有毒的"（poisonous）。说某样东西有营养，既是描述它，也是推荐它；说某样东西有毒既是描述它，又是根据这种描述发出警告。在这两个例子中，事实和价值是结合在一起的。它之所以如此，是因为营养是食物的属性以及它所滋养的生物的本性的一种功能。燕麦对狮子来说没有营养,但对马来说有,这是由燕麦、狮子和马的自然属性决定的。同样,德性论认为,诸如慷慨、勇敢、善良等品质特征,之所以被视为美德,不是因为人们碰巧称赞它们,而是因为人性的事实——我们的脆弱性以及对他人的依赖。

那么,什么是人类的繁荣呢?这个问题的答案将呈现为博物学家有关好生活的描述,但这是一个只有通过系统和广泛的调查才能得到的答案。这项调查可能不会完全遵循威尔逊的社会生物学所描述的那种路径,但很明显,由于人类是复杂的生物,其生活产生了令人印象深刻的社会、政治和文化结构,因此任何对人类繁荣的合理解释都必须考虑到社会和心理结构,并对生物性结构给出更严格的解释。这就是威尔逊对社会生物学的抱负:"在这个过程中,它将塑造一种生物伦理学,这将使选择一种得到更深入理解和更持久的道德价值准则成为可能。"(威尔逊《论人性》,1995:187)如果是这样的话,那么也许道德哲学的问题最终将由人类学和进化生物学来回答,虽然这在方式上不同于亚里士多德,却很符合他的精神。

然而,在完成这一计划的过程中,还存在着进一步的哲学难题。

作为规范的"自然"

动物行为学被定义为对动物在自然环境中的行为的研究,这一定义引出的首要问题是:人类的自然环境是什么?威尔逊评论道:"智人在生态学上是一个非常奇特的物种。在所有灵长类动物中,它占据了最广泛的地理范围,并保持着最高的局部密度。"(威尔逊

《社会生物学：新的综合》，2000：547）也就是说，与几乎所有其他物种如熊或老虎不同，人类生活在截然不同的环境中——试将北极圈内因纽特人（Inuit）的环境与非洲南部卡拉哈里（Kalahari）沙漠居民的环境进行比较。关于密度的观点也将我们的注意力引向了一个事实，即人类的生存方式可能存在巨大差异。试将纽约或伦敦居民的环境和生活方式与某一东非部落居民的环境和生活方式进行比较，或者将一名西藏僧侣的生活与一名巴黎社交名媛的生活进行比较，其间的差异远远大于任何其他灵长类动物之间的差异。大猩猩和黑猩猩只生活在地球上的少数地区，而无论它们生活在哪里，它们生活的群体规模几乎是相同的。那么，在人类生活的各种截然不同的环境中，如果有的话，哪一个是他们的自然环境？哪一种是他们的自然生存方式？

对这些问题的一种回应是说，我们可以透过所有的多样性，看到某种潜在的统一性。在威尔逊看来："人性……是对一个已基本消失的环境——冰河时代狩猎采集者的世界——的特殊遗传适应的大杂烩。"（威尔逊《论人性》，1995：187）因此，潜在的统一性是一段漫长的进化史，人类在这段进化史中形成了人性，它是人类共同的本性，并在人类安生的许多环境中显露了出来。

人类的自然行为在相对"原始"的社会（比如当代狩猎采集者的社会）中更容易被识别，许多人认为这个想法很有吸引力，也很有道理。他们有一种感觉，现代城市的生活是一种在更基本的思想状况之上的文化积累。此外，正是基于这种观点，人们常常会做出相对优越的判断。比如，我们可以经常听到人们赞扬北美印第安人生活的"自然性"，并将其与现代城市中通勤者生活的"人为性"进行对比。再如，有一种相当普遍的观点认为，欧洲的核心家庭并不像世界上欠发达地区仍然存在的大家庭那样"自然"。

　　这种使用"自然的"作为褒义词的做法非常普遍——想想"自然分娩"（natural childbirth）或"自然疗法"（natural remedy）这样的表达。正因如此，广告商广泛使用"100％纯天然"（100％ natural）的说法，它无论是用于食品还是纤维，都会是一个卖点。它的反义词"非自然的"（unnatural），现在已经不那么常用了（尽管有一段时间某些性行为被描述为"非自然的"），但"人工的"（artificial）一词通常起到了大致相同的作用。但无论我们使用何种术语，任何关于价值的自然主义解释都要求我们能够做到两件事——区分自然和非自然，并解释为什么前者更可取。我们将看到，这两项任务都不容易完成。

　　我们如何知道什么是自然的，什么不是自然的？威尔逊的回答简明扼要。让我们再次引用这位社会生物学家的话：自然的东西是随着人类的进化而改变并适应他们的东西，是他们"对一个已基本消失的环境——冰河时代狩猎采集者的世界——的特殊遗传适应"。这一标准的问题在于，我们对那段遥远历史的了解确实非常有限。为了确定对人类来说什么是自然的，什么不是自然的，我们需要了解冰河时代的狩猎采集者，可事实上，我们将在很大程度上止步于猜测。它也不会像社会生物学家和进化心理学家有时所做的那样，诉诸那些当代的狩猎采集者，因为就生存的适应性而言，纽约的股票经纪人和卡拉哈里的丛林人一样适合生存，原因显而易见，两者都存活了下来。在给定人类进化的遗传基因的前提下，以人类可能的生活方式作为标准来判断，这两种生活方式至少同样好，而纽约的股票经纪人的生活方式可能会更好。

　　那么，假设我们要在两种截然不同的生活方式之间做出选择，从而有机会问:"我应该选择哪种生活方式?"将对"自然性"的诉求解释为对具有我们遗传基因的生物的适应,并不会给出一个答案。这是千真万确的,不仅仅是对于这个相对鲜明的选择,而且是对于我们据此可能做出的几乎所有其他选择。可能会有很多理由支持所谓的"自然"分娩,而不是引产或剖宫产,但这些都不能用(或基于)社会生物学对其"自然性"的解释来解释。同样,"天然"饮食也不能证明与我们的生物本性或环境有任何特殊关系。当人们谈到"天然"饮食时,他们通常会想到它与所谓的"垃圾"食品形成了鲜明对比。现在,推荐高纤维、低脂肪的食物可能有很多理由(尽管现在这是有争议的),但其中之一不能是"这些是'天然'食物",原因如下:首先,许多人会"天然地"(即让他们自行决定)选择垃圾食品;其次,低纤维或高脂肪的饮食并不一定会导致死亡或健康问题,而"健康"的食客却有可能英年早逝。

但是,对于使"自然"成为一种规范的尝试,还有一个更重要的反对意见。那些选择"健康"饮食的人与他们所吃的食物之间的关系,并不像老虎与它所捕猎的动物之间的关系,更不用说像植物与它从土壤及大气中提取的营养物质之间的关系了。其间一个关键的区别在于,人类可以而且确实会考虑他们应该吃什么和喝什么。他们不是单纯受自然本能的驱使,成年后也不太受自然本能的驱使。所以,牛会干脆地拒绝吃肉,而我们可以决定是否吃它。在做出决定时,我们当然可以考虑这种食物具有一些有用的生物功能这一事实,但我们也可以考虑其他因素,比如它的味道。事实上,所有人都是这样做的。可能流行着这样的看法:工业化程度较低的社会有更"天然"、不含添加剂的饮食,但事实是,印度和中国的偏远地区最贫穷的农民自古以来就在他们的食物中添加了各种各样的调味料。毫无疑问，这样做有很多的目的，但其中之一是提升味觉，孩子们对这种提升有一种"天然"的不情愿，而又必须学会喜欢。

哲学上的见解是这样的：我们比其他生物更容易喜欢某些食物，其中一些食物具有重要的生物学目的。在考虑吃什么时，这两个事实都很重要，也许有一些理由将一种让他们感到自豪的饮食称为"天然的"。然而，这并不是我们在构建饮食结构时可以合理考虑的食物的唯一方面。我们也不是出于天性或任何其他原因而赋予它高于一切的重要性。我们可以仔细考虑"天然"食品的优点。这一点可以推而广之。对于一些行为模式和生活方式，我们可能有理由称之为"自然的"。但是，从这个事实来看——即便它是一种自然的行为模式或生活方式，好生活也并没有自然而然地随之而来。因而，我们可以批判性地问自己，我们应该给予它多大的重视。

"对人好的"就好吗？

在最后的这些例子中，"自然的"被认为是指我们本能地倾向于并且非常适合于我们的基因结构的东西。从这个意义上说，就"什么是自然产生的"提出批判性问题的可能性，实际上是非常重要的一个方面。到目前为止，我们一直在关切地询问（当我们用现代社会生物学取代亚里士多德过时的生物学时），我们是否应该认可亚里士多德的"对（作为物种的）人好的"中的"好"概念？我们所发现的是，它不能为在广泛的、相互竞争的生活方式之间做出决定提供依据。这是因为它不能只挑出一种"自然的"对人好的生活方式，即使它可以，这也只是诸多考虑之一。

这最后一点引出了一个更深刻的批评。也许，我们自然接受的生活方式是我们有理由抵制的。也许，从更广阔的角度来看，一些对人而言好的事情实际上并不好。

例如，对人类来说，狩猎可能是很自然的，人们从其他动物的痛苦和毁灭中获得真正的快乐也是很自然的。在几乎所有的时代和文化中，都有足够的人支持这项残忍的活动，这表明人们对残忍活动的兴趣，即使不是普遍的，也肯定是广泛的。此外，不难想象这样一个故事，它解释了这种杀戮欲如何具有进化优势并因此也成为我们进化了的天性的一部分。但同样容易理解的是，从其他相关动物的角度来看，或者从为痛苦和折磨所及的动物本身的客观角度来看，不管这些是在哪里发现的，人类的这种冲动，无论对他们而言多么自然或多么好，都不应该受到赞扬或鼓励。

同样，我也不难想象，动物行为学和（或）进化心理学可能会表明种族主义或仇外心理在人类的自然行为中根深蒂固（似乎有很多证据可以证明这一点）。我也不认为，如果事实的确如此的话，我们将长期缺乏一个有关它在我们进化发展中的地位的合理解释。但是，在这种情况下，我们不一定有理由去赞扬这种自然的人类冲动，或者停止与它的表现做斗争。

简而言之，撇开先前的争论，即使有可能利用动物行为学、社会生物学和进化心理学等新科学，以合理的确定性和明晰性勾勒出我们有理由称之为"对人好的"一种生活方式，我们仍然会面临这一问题："对人好的"就好吗？像这样提出这个问题，就是把迄今为止一直纠缠在一起的两个问题即"什么是好生活"（what is a good life）和"什么是好"（what is good）分开，而这两个问题是相互关联的。对前一个问题的一个回答是，好生活在于实现"好"。

自然之善与自由

认为对人类来说是自然的东西——人类赖以繁荣的条件和他们本能地喜欢的活动——对他们来说可能是一种不值得的生活方式,这初听起来也许令人难以置信。然而,这是道德思想史上很常见的一种观念。例如,基督教的原罪教义认为,人类有一种强烈的倾向,去做他们不应该做的事。不过,就目前而言,我们应该注意到另一个反对意见——人性和自然是给定的。也就是说,我们的本性和对我们来说自然的东西是我们在动物行为学或其他科学的帮助下发现的。实际上,从亚里士多德和许多古希腊人的角度来看,这是使其成为好生活概念适当基础的诸多事实之一。

但是,从另一个角度来看,这也正是使人性和自然成为人类行动的不适当基础的原因。诉诸有关我们本性的事实,并试图使它们成为我们生活方式的不可改变的决定因素,就是对我们自己掩饰人类状况的一个基本特征——其彻底的自由。面对一种关于"自然"生活方式的说明,我们仍然可以自由地选择它或拒绝它。

要想充分理解这一点,请考虑动物园管理员的职责,他们要负责其主管动物的健康和福利。我们完全可以想象,他们会发现动物行为学的研究很有价值,因为可以期望这些研究告诉他们,他们的动物会在什么样的条件下茁壮成长。这些研究甚至可能会告诉他们,有些动物(例如北极熊)根本无法在动物园所能提供的条件下繁衍生息。根据这一认知,动物园管理员将为不同的动物分别制定生活模式,动物们将不假思索地遵循(或被迫遵循)这种模式。如果动物行为学家是正确的,则这种模式对它们是有益的。然而,动物们本身对这一有益于它们的生活规则,既没有参与其发现,也没有参与其执行。它们也不可能参与。

现在应该很明显的是,动物行为学与人类生活不可能有同样的关系。原因很简单,如果为我们制定了这样一种生活方式,我们仍然必须决定是否要遵循它。或者是这样,有一些政治上的"动物园管理员",他们认为他们对人性和自然的了解更胜一筹,因而也更具权威,会否认我们选择的自由。更重要的是,我们自己如果认为对我们来说自然的就是权威的,就会否认自己的选择自由。

表明这一点的一种方式是说,我们将让我们的本质决定我们的存在,然而,"存在先于本质"(existence comes before essence)。这是法国哲学家让-保罗·萨特(Jean-Paul Sartre)创造的一个表达,它将引导我们审视下一种价值哲学——存在主义(existentialism)。但在此之前,对前几章做个总结可能是有用的。

小结

我们一直在问这样一个问题:"什么样的生活是最好的、最值得拥有和追求的?"第一章讨论了主观主义者提出的怀疑论挑战,他们认为这个问题是一个主观偏好的问题,而不是一个我们可以有意义地思考的问题。这一挑战可以通过区分道德实在论和道德理性主义来应对,前者错误地试图将道德建立在一种特殊的道德感之上,后者转而呼吁思考思想和概念之间的关系。

然后,第二章从一个相当世俗的观点(最好的生活是名利双收的生活）开始。只不过我们看到，这个答案混淆了内在价值（事物本身有价值）和工具价值（事物只有作为实现其他事物的手段才有价值）。我们需要的是一个指向内在价值的答案，这一要求引导我们走向利己主义，即好生活就是得到你想要的东西，而不管那是什么东西。然而，详细的分析表明，利己主义是不完备的，因为它要么建立在对人类动机种类的错误认识之上，要么建议采取顺从欲望的方针，而没有告诉我们，在所有可能拥有的欲望中，我们应该顺从哪一个。尽管为了回应这一反对意见，利己主义被修正为建议追求那些符合我自身利益的欲望的版本，这仍然让我们不禁要问，追求哪些欲望符合我的最大利益？

在这一点上，一些古代哲学流派诉诸享乐主义，即主张追随那些能给你带来快乐的欲望。这是第三章的主题，而我们再次发现了问题和困难。似乎没有任何令人信服的理由让快乐在我们的生活中占据特别重要的位置。事实上，除了所包含的快乐之外，人类生活中许多可能的方面也增进了它的价值。

这些其他方面是什么？如何将它们如我们期望的那样编织成一个连贯的整体？这是亚里士多德明确提出的问题，他试图通过给出一个关于"人的特殊性是什么"的解释来回答这个问题，从而将"好"定义为"对人类而言的好"。然而，本章中仔细检视的论据表明，即使有动物行为学和社会生物学等现代科学的帮助，这种诉诸人性的做法也是不成功的。首先，不可能明确规定一种对人类"自然"好的东西，使我们能够在相互竞争的生活方式之间做出选择。其次，即使我们可以这样做，也不会表明构成人类繁荣的属性、态势和活动在更广泛的意义上就是好的。让人类能够作为一种动物表现最好的条件可能是（而且很可能是）使其他各种生物（包括植物和动物）面临风险的条件。人类自然产生的东西和导致这个物种蓬勃发展的东西，都有其黑暗的一面（正如基督教原罪教义所认为的那样），在没有进一步论证的情况下，我们没有理由将这黑暗的一面视为生活的一个方面，并认为它是好的，值得提倡。

无论如何，亚里士多德式的自然主义忽略了人类不同于其他动物的一个关键方面——他们的彻底的自由。这一观念正是存在主义的灵感来源。

拓展阅读建议

一、原始文献

亚里士多德（Aristotle）：《尼各马可伦理学》（*Nichomachean Ethics*），萨拉·布罗迪（Sarah Broadie）和克里斯托弗·罗（Christopher Rowe）的编译本有一个历史导论和一个哲学导论。

二、评论

杰勒德·休斯（Gerard J. Hughes），《亚里士多德论伦理学》（*Aristotle on Ethics*）

三、当代讨论

菲莉帕·富特（Philippa Foot）：《自然之善》（*Natural Goodness*）

阿拉斯代尔·麦金太尔（Alasdair MacIntyre）：《依赖性的理性动物》（*Dependent Rational Animals*）

E. O. 威尔逊（E. O. Wilson）：《论人性》（*On Human Nature*）

第五章　存在主义

克尔凯郭尔与存在主义的起源

存在主义的创始人是 19 世纪一位鲜为人知的丹麦人——索伦·克尔凯郭尔（Søren Kierkegaard），存在主义作家们认为其思想主题具有持续性的重大影响。克尔凯郭尔是一个充满好奇心的人，也是一位多产的作家，但他的声名主要是作为一位宗教思想家，而不是作为一位一般意义上的哲学家。在周围人的培养和劝导下，他成了一名新教基督徒，并一度渴望成为一名乡村牧师。尽管如此，他依然在许多方面强烈反对当时丹麦的路德教会。这种反对在他的大量著作中得到了滔滔不绝的表达。然而，克尔凯郭尔也一直反对 19 世纪初期和中期在北欧占主导地位的哲学（即柏林最著名的教授之一黑格尔的哲学）。

克尔凯郭尔对业已成为国教的路德教教义和黑格尔哲学的反对意见，实质上是一样的。在他看来，两者都试图以不同的方式使基督教的要求变得合理。就教会而言，《福音书》的出现，并不是对这个世界习俗知识和社会秩序的根本挑战，而是公道正派的男女自然会认同的那种东西。他以《圣经》中亚伯拉罕（Abraham）和以撒（Isaac）的故事为例。在这个故事中，亚伯拉罕在"是上帝要求他如此"的信念之下，表现出愿意带走并杀死一个无辜的孩子——他自己的儿子，尽管最后这个男孩活了下来。克尔凯郭尔震惊于这样一个事实：教会人士竟然可以满怀关注和虔敬地倾听这个故事，而如果他们的邻居真的像亚伯拉罕那样行事，他们却又会感到震惊。同样，在新教牧师口中，三位一体（Trinity）的神秘或道成肉身（Incarnation）的荒谬的所有痕迹都被纯粹的虔敬所掩盖，直到这两种教义都失去了任何可以称得上具有挑战性的东西。在克尔凯郭尔看来：

> 关键是要涤除介绍性观察、可靠性、从效果出发的证明，以及由典当经纪人和担保人构成的整个乌合之众，以使荒谬变得清楚——这样，只要一个人愿意，他就可以相信……[因为基督教]宣称自己是自相矛盾的，并且要求在涉及犹太人对何谓冒犯、希腊人对何谓愚蠢时的信仰的内在性——和使理解变得荒谬。
>
> （克尔凯郭尔《对〈哲学片段〉所做的结论性的、非科学的附言》第1卷，1992：212-213）

在黑格尔那里，基督教福音的转变是更具自我意识的。黑格尔声称，他的哲学体系旨在涵盖和解释人类知识和经验的所有方面，这无异于对基督教的一种百科全书式的理性化，即将基督教的真理转化为一种所有理性的头脑都能认同的形式。对黑格尔来说，实现这一转变是对基督教的一大贡献，使它超越了"信仰"或仅仅是主观意见的变幻莫测。但对克尔凯郭尔来说，这简直就是它的毁灭，使基督教成为"理性的"就是把它变成一种纯粹的理论。如此一来，它可能会引起我们理智上的认同，但它不会要求也无法维持克尔凯郭尔所说的真正宗教信仰所需要的"内在性"（inwardness）。

此外，在克尔凯郭尔看来，黑格尔式的"体系"（System，他用首字母大写来嘲讽它）作为生活指南是毫无价值的。"必须在纯粹思维的指导帮助下生存，就像必须带着一张欧洲小地图在丹麦旅行，而丹麦在这张地图上还没有一个针尖大"（克尔凯郭尔《对〈哲学片段〉所做的结论性的、非科学的附言》第1卷，1992：310-311）。哲学体系太过崇高，离现实生活太过遥远，没有任何用处。他在另一个地方告诉我们，像黑格尔这样的思辨形而上学家的麻烦在于，他们必须抛开自己对空间和时间的思考才能擤鼻涕！

克尔凯郭尔的著作中充满了这种评论，而且充满了悖论。他写的许多东西都是富于暗示性的，但很难将克尔凯郭尔的论辩重构成一个对学院派哲学的一致和持续的学术批判。在一定程度上，这是因为他想避开所有系统的哲学思考。他用各种笔名写了很多书，意在表达不同的、有时是相互矛盾的观点。其结果是，他的著作常常令人费解地前后矛盾。例如，他以地图做类比表明，哲学体系是一种在错误标度上的正确的东西（即一种指南），而在无数其他地方，他所写的内容暗示着哲学或其他任何旨在得出可证明的结论的思想形式，都是试图解决人类存在的根本问题的错误思维方式。

两个事实使得理解克尔凯郭尔变得更加复杂。第一，他写的一些书署的是假名，这样我们就不能自动识别出他所表达的观点。例如，《哲学片段》（*Philosophical Fragments*，它其实远非片段性的）及其《结论性的、非科学的附言》（*Concluding Unscientific Postscript*，这是一本被称为"小册子"的附言，长达 630 页）明面上的作者是约翰内斯·克里马库斯（Johannes Climachus），克尔凯郭尔本人则被注明为编辑。第二，克尔凯郭尔坚持认为，我们不能独立于思想的所属者来把握思想。我们如果要理解一位作者，就必须认识到其生活和思想的统一。就克尔凯郭尔自己而言，这引入了另一个悖论元素。他的著作具有高度的个人主义、反传统的特点。然而，从表面上看，他的生活并不比与其同时代的大多数丹麦中产阶级更加引人注目。他靠着从父亲那里继承的一份私人收入过着平静的生活，除了一次破裂的婚约和晚年与媒体不愉快的摩擦之外，他的生活中没有什么可以被称为历史性或戏剧性的经历。

然而，尽管有这么多令人困惑的东西，克尔凯郭尔的著作还是包含了一些一以贯之的主题。在他的早期著作中，他描述了三种不同的生活方式——审美的、伦理的和宗教的。它们被认为是相互排斥的，需要个人在它们之间做出彻底的抉择。在后期著作中，特别是《结论性的、非科学的附言》中，他阐述了这一要求的哲学基础，其中三点构成了存在主义观点的基础。第一，人类面临的最基本的问题本质上是实践性的，因为"我该如何度过我的一生"这个问题是逃避不了的。无论人们对纯粹的理智问题有什么兴趣，它们永远都不会优先于生活的实践问题。在宗教背景下，把握这一点尤为重要。基督教（或任何其他宗教）是一种生活方式，而不是对世界或人类经验的理论解释。由此可见，试图用神学教义或哲学体系来代替宗教信仰是一个严重的错误。

> 思辨思维是客观的，而对于一个存在着的个体来说，客观上，没有真理，只有近似真理，因为存在使他无法变得完全客观。
> （克尔凯郭尔《对〈哲学片段〉所做的结论性的、非科学的附言》第 1 卷，1992：224）

> 哲学说，要理解生活必须往回看，这是完全正确的。但人们忘记了另一个条款，那就是要想生活好，必须向前看。
> （克尔凯郭尔《对〈哲学片段〉所做的结论性的、非科学的附言》第 2 卷，1992：187）

第二，试图证明或证实男男女女期望倚靠来生活的信仰是客观真理，不仅是徒劳的，而且是误导性的。这是因为，与纯粹的理智问题（例如自然科学问题）相反，在生活问题上，"真理是主观性的"。克尔凯郭尔这样说的意思是，任何我们准备倚靠来生活的宗教或哲学，都是我们实际上必须倚靠来生活的。无论基督教教导的客观真理是什么，那些倚靠它生活的人都必须主观地接受它的真理性，也就是说，对他们来说，那就是真理。在一种教义的提出和它被所面对的对象接受之间，有一道极其重要的、不可避免的间隙，这道间隙不能通过进一步的客观证据或证明来弥补，而只能通过主观上的"信仰的飞跃"（leap of faith，这句著名的表达即来自克尔凯郭尔）来弥补。20 世纪的存在主义者阿尔贝·加缪（Albert Camus）也表达了同样的看法，他写道："我明白了为什么那些向我解释一切的学说同时使我变得羸弱。它们缓解了我自己生命的重负，但我必须独自承受它。"（加缪《西西弗神话》，2000：54）（尽管应该补充说明一下，加缪对克尔凯郭尔关于"信仰的飞跃"的分析持批评态度。)

不过，第三，尽管从批判性的客观现实视角来看，"启迪的真理"(truth which edifies)将总是显得"荒谬"，但这并不意味着我们可以自由地按照任何我们所喜欢的旧教义生活。达到实践的、主观的真理至少和思辨理论所涉及的理智努力一样困难。

> 例如，就理解能力而言，高智商的人比智商有限的人有直接优势，但就信仰能力而言，情况则并非如此。也就是说，当信仰要求他放弃他的理解时，那么秉持信仰对最聪明的人来说就和对智力最有限的人来说一样困难。
>
> (克尔凯郭尔《对〈哲学片段〉所做的结论性的、非科学的附言》第 1 卷，1992：377)

然而，达成信仰所涉及的困难是情感上的，而不是认识上的。克尔凯郭尔写了几本书，命名为《畏惧与颤栗》(Fear and Trembling)、《恐惧的概念》(The Concept of Dread)、《心灵的纯净》(Purity of Heart)等。总的来说，他对促成真正鲜活的信仰产生的情感条件有很多话要说。在他看来，"对于基督教的真理，只有一种证据，理所当然，它来自情感，当对罪恶的恐惧和良心不安折磨着一个人，使他跨越近乎疯狂的绝望与基督教世界之间的狭窄界限时"(克尔凯郭尔《日记》，1938：1926)。

克尔凯郭尔最关心的是宗教信仰（尤其是基督教）的要求。这种对基督教的重视使他作为一位宗教作家得到了持续关注。但事实上，他思想中的许多核心元素都可以予以完全世俗化的对待。尽管后来的一些存在主义者也是基督徒，但最著名的存在主义者法国哲学家让-保罗·萨特宣称自己是无神论者。然而，正如我们将要看到的，尽管有这一重要区别，但他的思想基础与克尔凯郭尔有着惊人的相似。

萨特与彻底的自由

萨特使用了"存在先于本质"这一表述。这是一个简洁而令人难忘的总结，它总结了所有存在主义者、基督徒和非基督徒的共同点。它的意思是，在回答存在的基本问题（我应该如何生活？）时，我们必须拒绝对人性或本质观念的任何依赖，也就是说，拒绝对"人"的概念的任何依赖，这一概念将在每个个体身上找到，每个个体都是它的一个实例。拒绝这一概念的部分原因是相信人类没有预定的、本质的特征。正如萨特所说："人不是别的，只是他自己造就的东西而已。"（萨特《存在主义与人道主义》，1973：28）

正是萨特的无神论导致他排斥人性的概念。在他看来，没有人性这种东西，因为没有可以创造出人性的上帝。我们可以谈论独特人性的唯一合乎逻辑的方式，是有一个预想的人类创造计划，它类似于工程师为发动机的特定设计所制订的计划。这一设计——发动机的本质特征——先于任何实际发动机的存在，而每台发动机都是对该设计的实现。如果有一个上帝，他构想了人，然后创造了人，我们就可以谈论人性，甚至可以说人的本质先于存在。但是没有上帝，因此就没有先定的人性。

当然，如果这就是萨特的全部论证，他就很难宣称存在主义者——无论是宗教的还是非宗教的——都具有他所主张的共同基础。因为这只不过是无神论关于真理的断言，一个不管是基督徒还是其他人都会同样否认的断言。但萨特也认为，即使有一个有创造力的上帝预先制订了一个人类创造计划，仍然会有一种确定无疑的感觉，即存在必须先于本质。这是因为，像克尔凯郭尔一样，萨特认为存在问题与其说是一个形而上学问题，不如说是一个实践问题。

在"存在主义与人道主义"（Existentialism and Humanism）的讲座中，他也用《圣经》中亚伯拉罕和以撒的例子来阐述这一点。在那个故事中，一位天使命令亚伯拉罕将他的儿子以撒献祭在祭坛上。我们如果以一种纯粹客观的情绪将这个故事当作一段历史来看待，就会问是否真的有一个超自然的声音在对亚伯拉罕说话。毫无疑问，今天很多人拒斥这样的故事，因为他们不再相信天使声音的真实性。但萨特的要点并不是有关故事字面上的真实或虚假。他认为，即使有关超自然声音的真实性确凿无疑，亚伯拉罕也必须自己决定这就是天使的声音，是来自上帝的真正信使的声音，还是只是一个假冒者——尽管是超自然的假冒者——的声音。这是一个他必须自己决定的问题，他不能因为超自然的声音提供了它确实是天使的声音的进一步保证而免除这一必要。

同样，任何道德标准或原则的要求都会个别地向我们每个人喊话。

> 如果有一个声音对我说话，我仍然必须自己断定这个声音是不是天使的声音。如果我认为某一行为方案是好的，那么只有我才会选择说它是好的而不是坏的。
>
> （萨特《存在主义与人道主义》，1973：33）

"我应该如何生活"这个问题的任何答案都将不可避免地以这

种方式存在。无论它多么权威，无论它在客观上是"可证明的"还是"不可证明的"，它都需要自身生存被其指涉的人予以认同。萨特认为，没有这一点的话，任何这样的答案实际上都是沉默的，因此根本没有答案。

正是在这个意义上，人类是彻底自由的。我们所能想象的一切东西——上帝、人性、科学或哲学——都不能就存在的根本问题为我们做出决定。此外，这种自由还有另一面。因为除了我们自己，没有谁能决定答案，所以我们要为自己所做的决定负责。自由将我们的意志从任何其他代理人的决定中解放出来，但它也让我们独自负责。这就是为什么萨特说：

> 人是*注定*要自由的。注定，是因为他并没有创造自己，却仍然是自由的，从他被抛入这个世界的那一刻起，他就要对自己所做的一切负责。
>
> （萨特《存在主义与人道主义》，1973：34，斜体为引者所强调的内容）

到目前为止，这个论点可能被认为是在暗示人类不可避免的自由是一个我们通过哲学分析理解到的逻辑真理。在某种程度上，这是真的。萨特认为，彻底的自由源于人类状况的本质。他说："人的存在和他的自由之间没有区别。"（萨特《存在与虚无》，1957：25）这句话出自他最重要的哲学著作《存在与虚无》(*Being and Nothingness*)。在这本书中，他对"事物的存在是什么"进行了全面的形而上学分析。萨特认为，存在有两种模式：自在的存在（Being-in-itself）和自为的存在（Being-for-itself）。这一相当晦涩的术语旨在捕捉这样两种事物之间的对比：一种事物，比如石头和树木，它们只是存在着，它们本身并没有意识或价值（自在的存在）；另一种事物，特别是人，他们有自我意识，并且对自身存在的意识处于意识的核心地位（自为的存在）。这种对比与过去和未来的观点（克尔凯郭尔也曾经提出过）有关。行动以及关于行动的思考，都与未来有关。过去已成定局，不可改变，而未来的显著特征是它还有待于创造出来。目前它什么也不是，我们可以随心所欲地塑造它。

人的特别之处是，他们既是物质客体（因而是自在的存在），又具有自我意识（因而是自为的存在）。但自为的存在或自我意识的特点在于，它是一种虚无，也就是说，它永远不可能是或简单地成为世界上的另一个客体。可以说，无论我们多么努力地把自己想象成不过是与世界上所有其他客体并存的物质客体，我们的意识也总是自由漂浮着的。它总是一个主体，而不会是一个客体。以下类比可以说明这一点。为了获得对任一事物的视觉体验，我们确实需要占据一些视角。但是，我们所占据的视角，虽然对视觉来说是必不可少的，但本身并不能当作视野中的一个客体。如果我站在山坡上，则我的位置决定了我的视野，而它并不在那个视野内。如果我们想要看清事物，那么占据一些视角是至关重要的。但视角本身并不是被看到的东西，也不可能被看到。意识这个主体也是如此。主观意识是感知和理解客体的不可消除的先决条件，但它本身绝不是客体。它根本就不是一个事物。

许多人觉得这种哲学分析很难被理解和欣赏。萨特本人并不认为他的分析本身具有启发性，因为他并不把自由的不可避免仅仅视为形而上学分析的一个结论，而是视为人类生活经验的一个实际特征。由此之故，他对自由的思考大多出现在小说中，而不是在正式的哲学著作中。在这些小说中,不同的人物越来越深刻地意识到,一般客体的存在方式和人类的存在方式之间存在着多么大的鸿沟。这种反思的结果是,他们开始领会到自由意味着什么。

这种经历不是一种愉快的经历,而是一种苦恼的经历,因为彻底的自由是一种难以接受的痛苦状况。这种由对人类状况的真实感知所产生的"苦恼"的想法与克尔凯郭尔的"恐惧"没有什么不同,它在萨特的价值哲学中发挥着重要的作用。但为了明白这一点,我们必须再往前回溯一些。

痛苦与自欺

萨特评论道,必须由"我"来选择说某种特定的行动或生活方式对我是好是坏,这可能会让我们认为每个人都可以随心所欲。但情况并非如此,至少,如果"随心所欲"的意思是采取任何最能达成一致的行动的话。事实上,能够区分出一种好的人生,不在于选择了什么,而在于选择它的方式。只有那些认识到自由及其责任不可逃避的人,才有可能拥有一种完全本真的或真正的人生。"本真的"(authentic)和"非本真的"(inauthentic)这两个术语来自另一位存在主义者德国哲学家马丁·海德格尔(Martin Heidegger)。而只有以痛苦为代价才能获得这种认识。因此,好生活——那种有意义和价值的生活——是不容易实现的。

痛苦有两个来源。第一是源自这种观点,即认为在认识到我们作为人的彻底的自由时,我们是在承认我们是虚无,实际上什么都不是。因此,没有什么能为了我们来完全决定我们对生活的选择,也就没有什么能解释或证明我们是什么。这种无根的感觉被阿尔及利亚裔法国作家阿尔贝·加缪称为"荒谬"(the absurd)。按照加缪的说法,"只有一个真正严肃的哲学问题,那就是自杀",因为面对他们自己的荒谬,人必须判断"他们的生活是否值得过下去"(加缪《西西弗神话》,2000:11)。同样,萨特认为,一切事物的存在,无论是自在的存在还是自为的存在,都是荒谬的。他的意思是,存在永远是一个残酷的、无法解释的事实。但是,我们分享我们伴随其他一切事情的荒谬,这一事实并没有使我们变得不那么荒谬,也没有使人类的状况变得更容易接受。事实上,正如我们将看到的,萨特花了大量的时间来探索人类努力向自己隐藏自己荒谬的方式。

痛苦的第二个来源是,承认我们有做出选择的自由,实际上使我们成为价值世界的创造者,我们因此承担了随之而来的所有责任,事实证明,这一责任是巨大的。

> 当我们说人自己选择时,我们的意思是我们每个人都必须自己选择;但这也意味着,在为自己选择的同时,他也为所有人做了选择……我们所选择的总是更好的,除非对所有人都更好,否则对我们来说就没有什么比这更好的了。更重要的是,如果存在先于本质,而我们在塑造自己形象的同时也要存在,那么这一形象就对所有人、对我们所处的整个时代都是合理的。因此,我们的责任比我们想象的要大得多,因为它关系到整个人类。
>
> (萨特《存在主义与人道主义》,1973:29)

如果萨特在这一点上是正确的,那么处于彻底的自由之下的人,就不仅可以自由地响应价值,而且可以自由地创造价值,承认这种自由的个人承担着为全人类立法的责任。有一种说法是说,在承认我们的彻底的自由时，我们必须认识到扮演上帝的必要性，以及由这一想法所带来的敬畏感。事实上，萨特自己说过："成为人就意味着趋向于成为上帝。或者，如果你喜欢的话，从根本上说，人就是成为上帝的欲望本身。"（萨特《存在与虚无》，1957：556）

因此，要真正理解我们作为人的状况，就必须认识到我们的存在实质上是荒谬的。说它是荒谬的，就是说它既没有必要，也缺乏解释。人的存在是一个残酷的事实，只有抱以上帝般的欲望，我们才能赋予它以任意某种意义。毫不奇怪，正如 T. S. 艾略特（T. S. Eliot）曾经写道的那样，"人类无法承受太多的现实"，普通人强烈倾向于通过向自己隐瞒真相来逃避痛苦。萨特区分了这样做的三种典型方式。

第一种是其中最无趣的。它是这样一些人的回应，他们认为，面对可供选择的行动方案和生活方式，他们可能根本无法做出选择。但这是一种错觉，不选择的决定本身就是一种选择，个人对这种选择承担的责任不比任何其他选择少。优柔寡断和有意识的决定一样会导致后果；无所事事也是一种行为形式。

对痛苦的第二种回应是"严肃的人"（serious minded）采取的方式。那些严肃的人，通常但不一定是信教者，他们断言有某种客观的价值来源——也许是上帝，或者只是善本身，他们还宣称要遵照这种来源来指导他们的生活。在此意义上，享乐主义者和亚里士多德就是"严肃的人"。基督徒、穆斯林、犹太教徒和其他任何声称可以在他们自己的决定和承诺之外的地方找到一切美好事物的根源的人也是如此。这些人没有弄明白的是，这些客观的、外部的价值能够引导他们生活的唯一途径是他们自己将这些价值当作价值的承诺。这就是克尔凯郭尔强调主体性之必要性的关键所在。或者，这些严肃的人会寻求其他人的建议。但他们即使收到了建议，仍然要自己决定是否接受它。正如萨特在一个著名的案例中指出的那样，在第二次世界大战期间，一位年轻人就加入自由法国（Free French）的军队还是留在家中陪伴母亲，征求了他的建议，顾问的选择本身就可以代表一种决定。我们通常会预先选择我们向其寻求建议的人。

逃避痛苦的第三种办法是自欺。"自欺"（bad faith）也许是现代存在主义最著名的概念，萨特用侍者的例子来说明这个概念，这个例子与这个概念几乎同样著名。有关构思是这样的：面对人类状况的可怕现实（它的荒谬和责任），个人可能会通过按照某种设定的社会角色来安排自己的生活以寻求逃避；他们不是接受自己的主体性和选择自由，而是试图将他们自身客体化，顺应他们随后扮演的角色，并将自己视为纯粹的工作人员。萨特笔下的"侍者"（waiter）就是这样一个人。他压抑自己的人格和个性，认为自己不是一个个体，而是一位侍者，他的每一个行为都是由工作决定的。但当然，如果存在的自由是不可逃避的，那么这种在社会角色中客体化的尝试注定会失败。侍者能完成得最好的事情就是一种角色扮演。

> 他快速向前移动，有点过于严谨、过于麻利了。他走向顾客们的步子有点太快了。他有点过于急切地向前弯下腰；他的嗓音、他的眼神都表现出要为顾客点单的过于热切的兴趣。最后，他返回了，他试图在走路时模仿某种自动机的僵硬，同时像一个走钢丝者一样鲁莽地托举着托盘。他的所有行为在我们看来都是一场游戏……咖啡馆的侍者以自身条件在扮演它，目的是实现它。
>
> （萨特《存在与虚无》，1957：59）

这种伪装所包含的是某种程度的自我欺骗（self-deception）。这位侍者假装他的每一个想法和举动都是由侍者的意涵来决定的。

> 他把自己的举动链接起来，仿佛它们是机械装置，一个调节另一个；他的手势甚至他的声音似乎都是机械装置；他使自己做事敏捷，快得可怜。
>
> （萨特《存在与虚无》，1957：59）

但是在他的内心深处，他必须知道，只有他选择让它发生，这个角色才能决定他的行为。在任何时候，他都可以转身离开，把他的顾客们晾在一边，使他们的订单无法完成。他只是假装自己做不到。

自我伪装（self-pretence）和自我欺骗是令人费解的概念。当我欺骗别人时，我知道真相，而他们不知道。但我怎么能欺骗自己呢？因为这要求我既知道真相又不知道真相。这是一个重要的问题，但对"自欺"这一概念，可以用比最充分意义上的"自我欺骗"更少的东西来解释。只要我们能避免让人想起真相的东西就足够了。侍者知道，他可以对来他咖啡馆的那些人采取完全不同的态度，而他拒绝予以考虑。但是，以类似的方式，一些纳粹指挥官扮演了顺从的士兵（一个只需要接受命令的人）的角色，他们拒绝考虑任何替代方案，结果当然要糟糕得多。为了恰当地描述这些案例，我们不必说，那些参与其中的人既知道又不知道他们可以采取什么行动。我们只需说，他们知道，但不会去考虑它。

纳粹指挥官们的行为可能是自欺状态下的，也可能不是自欺状态下的（关于这一点，稍后会有更多的讨论）。萨特主要关注的是更平凡的角色，那些我们企图借以逃避彻底的自由的痛苦而扮演的角色。这种企图注定是徒劳无功的,因为人的自由是不可逃避的。自欺的行为不能达到它期望的目的。即便能达到其目的,它仍然是需要避免的,因为它构成了一种非本真的生活方式。这为我们提供了一条通往存在主义的"好生活"概念的线索。"好生活"是一种真诚的生活。尽管萨特对这种理想生活的阐述相对较少,但我们可以看到,它包括了对有意识地自我选择价值和目的的追求,而选择者对此承担全部责任。当涉及基本的道德和评价问题时,他认为:

> 没有评判的手段。内容总是具体的,因此是不可预测的;它(手段)总是需要被发明出来,而重要的是要知道这项发明是否是以自由的名义进行的。
>
> (萨特《存在主义与人道主义》,1973:52-53)

存在主义价值哲学面临四个主要的困难。第一,我们可能会问,人类的存在是否在某种程度上是荒谬的,从而给出了痛苦的缘由。第二,真诚行事是否总是或通常更好?第三,在何种意义上——如果有的话——个人真的是价值的创造者吗?第四,我们真的如此彻底地自由吗?我们最好依次考虑这些问题当中的每一个。

存在的荒谬

正如我们注意到的,萨特与许多其他存在主义作家一样,认为人类的存在是荒谬的。他们借此表达的意思是,没有任何关于人类整体的存在尤其是任何个体的存在的解释,可以表明其存在是必要的。事实上，所有的存在都是残酷的、偶然的。持这种观点就是在一场长期的哲学争论中站队，这场争论主导了17世纪和18世纪的学术辩论。一方是支持所谓理性主义形而上学的哲学家，代表人物有笛卡尔（René Descartes）、斯宾诺莎（Baruch de Spinoza）和莱布尼茨（Gottfried Wilhelm Leibniz）。他们认为，每一事物的存在之如其所是，都是有原因的。如果没有，世界将变得难以理解，将是一堆毫无意义的混乱事件。这种认为一切事物都有其解释的信念通常被称为"充足理由律"（the principle of sufficient reason）。

与理性主义形而上学家对立的是通常被称为经验主义者（empiricists）的哲学家。其中，约翰·洛克（John Locke）和大卫·休谟最为著名。他们认为，试图为每一事物都提供充足理由的野心是一个严重的错误。经验主义者对当时还处于初创阶段的实验科学的成果印象深刻。他们认为，对自然事实的解释可以通过对经验事实的实验探究来获得（因此得名经验主义者）。然而，用这种方式来解释，只不过是诉诸可证明的偶然性——事物是怎样的，而不是它们必须怎样。在经验主义者看来，理性主义者的错误在于以为科学事实的问题可以像逻辑命题或数学命题一样得到解释。逻辑理论和数学理论可以通过抽象推理来证明其必然性，而科学理论只能通过实验推理来显示其是偶然事件，亦即非必然的事实。

当萨特等人说人的存在是荒谬的时候，他们意在站在经验主义者一边，否认人的存在可以有任何理性主义的解释。然而，他们与经验主义者的不同之处则在于他们从中得出的启示。他们将人存在的荒谬性视为痛苦的根源，暗示了缺乏理性主义的解释是一种不幸的缺陷，因为它是那种我们（如果想要让我们的生活有意义的话）需要却无法拥有的东西。然而，从经验主义者的观点来看，这样认为就是犯了理性主义者同样的错误，即希望为每一事物提供一个逻辑上充足的理由。但是，一旦我们理解了存在的偶然性，正确的反应将是放弃这种希望，而一旦放弃了这种希望，人类的存在不是那种可以用逻辑上充足的理由来解释的事情这一事实就不会困扰我们了。人的存在不是一个逻辑的必然性问题，而是一个偶然的事实性问题。但为什么任何人都应该对此感到不满呢？

有关荒谬的语言表达会误导我们。得出"人的存在是荒谬的"这一结论似乎为绝望提供了一些理由。但是，如果"生命是荒谬的"仅仅意味着"对人类的存在没有逻辑上必然的解释"，我们就没有理由感到痛苦，除非我们认为应该有这样一个解释。根据经验主义者的说法，这正是我们不应该去考虑的。存在主义者似乎并没有完全抛弃他们所指责的理性主义。这就是为什么他们有时被形容为"失落的理性主义者"(disappointed rationalists)。

如果这一分析是正确的，那么关于存在主义哲学的基础就有一个严重的问题需要提出来，至少如最近的思想家所阐述的那样（尽管也可以对克尔凯郭尔提出一些相同的观点）。然而，如果认为这些重要议题可以在几个简短的段落中得到解决，那就太草率了。在这里，我们所能做的最多就是提纲挈领地把它们提出来，然后再转到存在主义应该被考察的其他方面。

真诚行事

存在主义关于人类行为的主要暗示是：你选择做什么，你选择如何度过你的一生，都不如你选择的方式那般重要。无论什么选择,只要它是真诚的,就至少是有价值的。这意味着它是在充分认识到所有人类选择所附带的自由和责任的情况下做出的。

价值与我们所做选择背后的方式和动机有关,这种观点是非常有道理的。俗话说,"礼轻情意重"(it's the thought that counts),即表达了这一观点。一件礼物的价值几乎完全取决于你送礼物时的心态。一份勉强送出的礼物可能要花费更多,但远不如一份大方送出的简单礼物有价值。同样,仅仅出于职业责任感而发出的问候,其价值将远不如出于友谊而说出的同样的话。在更大的范围内,同样的事情也适用。阿西西的圣方济各(St. Francis of Assisi)的贫穷可以被视为一种祝福、一条通往令人钦佩的生活的道路,因为其中的精神得到了认可。但同样程度的贫穷在大多数其他人的生活中都将是一种不幸,因为随之而来的将是怨恨和不满。这些例子表明,行为的动机和意图以及其中所表达的精神都可以成为评估该行为的重要因素。

到此为止的这些看法,我们可能都会同意。但存在主义者想要更进一步,他们宣称:首先,一种行为或一种生活方式的主要价值在于选择它的那些人的心态;其次,在所有可能被考虑的态度中,对自由和责任的态度最为关键。我们通常认为,教养、文化或基因在决定一个人的态度和个性时具有持续、重大的影响,这些都是造就我们的因素。对存在主义者来说,这是一个显著的错误。是我们自己的选择决定了我们是谁,而假装不是这样就是自欺。因此,认识到我们有自主的基本自由是真诚唯一可能的反应。这种认识是人类特有的,因此,真诚是人类最重要的成就。但必须指出的是,认识到我们可以自由决定自己将成为什么样的人,这对可能的选择不会施加任何限制。这意味着任何选择都可能出于真诚。选择成为一个邪恶的罪犯，就像选择把你的一生奉献给那些受苦的人一样，都是一种真诚的表达。那么问题就来了，真诚地选择了一种邪恶的生活，这一事实是否会使这种生活变得更好？

用来探讨这个问题的一个样板是"真诚的纳粹分子"（the sincere Nazi）。毫无疑问，许多为纳粹党和希特勒政府服务的人仅仅是趋炎附势者，他们加入纳粹党或支持纳粹党只是为了个人利益或金钱回报。还有一些人选择做只有在自欺状态下才会做的事情，即对自己隐瞒他们所服务的政权的真相，或者借口说自己必须服从命令。但毫无疑问，也有一些真正的信徒，他们在纳粹主义中看到了他们想要相信的信条，并自由地选择支持它。此外，他们心甘情愿，甚至是欣然接受了建立一个以《我的奋斗》（*Mein Kampf*）的价值观为基础的世界的责任，哪怕到了不惜实施种族灭绝的地步。

我们该如何看待这第三类人，即"真诚的纳粹分子"呢？自第三帝国覆灭以来，历史学家、神学家、哲学家，尤其是普里莫·莱维（Primo Levi）和埃利·威塞尔（Elie Wiesel）等集中营幸存者，一直在反复提及这个问题。现在，存在主义似乎暗示了，尽管这些人过着邪恶的生活，但他们自由地选择了它，并承认自己对这种选择负有责任，这一事实有它的可取之处。但是，是这样吗？代表"真诚的纳粹分子"说他至少承担了责任，并且没有试图隐瞒，这似乎是合理的。而代表一个自欺地接受在大屠杀中的角色的人，说他至少有足够正派的态度不去积极支持它，这难道就不那么合理吗？

很难弄清楚如何解决这种争论。我们可以（代表存在主义者）采用的一种思路，是说"真诚的纳粹分子"的生活客观上是不好的但主观上是好的。如果这意味着，尽管他的生活很不好，但它体现了那些对他来说有价值的东西,我们就很难否认这一点。他确实选择了这些价值,这就是说他真诚的意思。但这并没有推动问题的解决。我们知道他自由选择了什么,但我们更想知道他自由选择的事实是否让生活变得更好。

价值的创造

一些存在主义作家所阐发的一种更为激进的思路认为,至少在一系列情况下,我们不能在主观价值和客观价值之间做出这种对比,因为在此只有主观价值。克尔凯郭尔对成为基督徒的决定是这样说的:"基督教所涉及的是主观性,基督教的真理,如果存在的话,也只有在主观中才存在;从客观上说,基督教的真理是绝对不存在的。"(克尔凯郭尔《对〈哲学片段〉所做的结论性的、非科学的附言》,1964:116)

类似地,萨特说:"每当一个人明确而真诚地选择他的目标和承诺时,无论这个目标是什么,他都不可能为自己选择另一个。"(萨特《存在主义与人道主义》,1973:50)他稍后又评论道:"如果我把上帝排除在外,一定*会*有人去创造价值。"(萨特《存在主义与人道主义》,1973:54,斜体为引者所强调的内容)这似乎意味着,至少在一系列情况下,认为个人是在价值之间做选择,这是错误的。相反,选择行为本身赋予了价值。换句话说,我们自己就是价值的创造者(在其他地方,萨特确实说了一些似乎否认这一意思的话,这些其他言论适合我们稍后再考虑)。

我们是价值的创造者吗?在问这个问题时,我们必须慎重地问:"我们"是谁?一旦提出这个补充性的问题,就可以区分出两种重要的不同立场。解释"我们是价值的创造者吗"这个问题的一种方式是:将"我们"指向某种群体——个人生活于其中的特定社会,提出这个问题的一般文化环境,甚至是整个人类。这样一来,"我们是价值的创造者吗"这个问题的意思就是:"价值是由他们所属的群体(无论是他们的种族、文化还是社会)预先为个人所确立的吗?"许多人(包括相当数量的哲学家)认为这个问题的答案是"是的",由此他们所认可的价值哲学通常被称为"相对主义"(relativism)。这是因为,以这种方式来理解,"某事物是否有价值"就是一个与某种背景相关的问题。这意味着关于人类价值的问题不能抽象且清楚地提出。脱离特定的背景,它根本没有意义。如果真是这样,那么由于与价值问题对应的背景与人有关,因此在某种意义上,人类就是价值的创造者。正是在人类的利益、偏好和目标的背景之下,事物才有价值。

在法律中可以找到与这种相对主义类似的东西。一夫多妻制(同时与一个以上的妻子结婚)在某些司法管辖区(特别是在伊斯兰国家)是允许的,而在其他司法管辖区(特别是在基督教国家)则是禁止的。抽象地问"娶两个女人违法吗",就是在问一个毫无意义的问题。唯一能给出的答案要对应于某个背景:"在英国是违法的,但在沙特阿拉伯不违法。"也就是说,这个问题只有在某种法律体系的背景下才有意义。在这个背景之下,(通常)会有一个直截了当的答案;而在这个背景之外,则根本没有答案。同样,相对主义者认为,所有价值问题都只能在某一人类背景下才能清楚地讨论,超越了特定的人类利益和欲望的价值是没有意义的。

其他哲学家(如柏拉图)对该问题的理解有所不同,他们认为，在价值问题上，就像在科学事实问题上一样，有独立于心灵（mind-independent）的真理等待着人们去发现。真正的价值在哪里？这是一个让全人类都可能感到困惑和产生误解的问题。这里的一些议题已经在第一章中讨论过了，但存在主义对它们给出的"倾向性观点"（slant）有些不同。

当萨特宣称没有独立的价值可供"严肃的人"遵循时，当克尔凯郭尔说，启迪的真理不可能客观时，二者都在有意拒绝柏拉图式的价值观念。这是一个比刚才概述的法律相对主义更为激进的观点。虽然大多数哲学家会把客观主义和相对主义区分开来，但从存在主义的角度来看，它们是同样"客观的"。这是因为它们都独立于个人来判断价值问题的真假。或许这是真的（正如相对主义所认为的那样），某些形式的性爱和婚姻之所以受到重视，仅仅由于人类是类型丰富的生物，以及由于几个世纪以来发展起来的各种社会制度。但是，如果是这样的话，那么也没有使这些价值不再作为一个生存着的个人可以选择的问题，就好像它们在任何人类出现之前就已经是既定的事实一样。存在主义似乎比这走得更远，它将"我们是价值的创造者吗"解释为一个指向个人的问题，意思是："我们每个人都是价值的创造者吗？"萨特将每个人都被置于要做痛苦选择的境地比作军事领导者的处境——他们一旦下令发动进攻就可能会让很多人送命。

> 所有领导者都知道这种痛苦。这并没有阻止他们的行动，相反，这正是他们行动的条件，因为行动预设了多种可能性，在选择其中的一种时，他们意识到，它有了价值，只是因为它被选择了。
>
> （萨特《存在主义与人道主义》，1973：32）

这段引文的最后一句话清楚地表明，对萨特来说，个人的自由超越了从一个已有的价值集合中选择自己的价值，在某些情况下至少包括创造价值的自由、使事物变得有价值的自由。

要想知道这一激进版本的存在主义是否有道理，请考虑以下示例。塞缪尔·约翰逊（Samuel Johnson）博士是18世纪著名的机智健谈者，他有一些非常怪异的身体习惯。

> 有时，当他突然停下脚步时，他会用脚和手表演一系列滑稽动作，那些动作是如此奇怪，以至于一群人会聚集在他周围大笑或盯着他看。好像忘记了他们的存在，他会伸出胳膊，有些手指弯着，好像抽筋了似的，或者把它们举得高高的，僵硬地举过头顶，又或者，使它们靠近自己的胸部，就像骑师抓住全速奔跑的马的缰绳一样上下摆动。与此同时，他并拢了脚后跟或脚趾，使脚呈V字形。通过多次调整和改变四肢的相对位置，他把它们扭成了需要的姿势。最后，他会向前迈出一大步，带着一个履行了必要职责的人的满意神情继续往前走，似乎完全没有意识到自己做了什么奇怪的事。

（希伯特《塞缪尔·约翰逊的个人史》，1988：201）

事实上，这类极端的举止并不像我们想象的那样罕见，但即便如此，我们还是有理由对它们感到困惑，无论是在约翰逊身上还是在其他任何人身上。"为什么要做这种事？"我们想知道。

一个小女孩曾经鼓起勇气直接问约翰逊，他温和地回答说："这是坏习惯。亲爱的，你一定要小心提防坏习惯。"当然，这根本不是真正的解释，此后他的行为依然和以前一样神秘。我们可以想象他可能说过这样的话，它在某种程度上解释了他的行为。例如，他可能回答说，人们的生活已经够无聊的了，他如果能带给他们一点无害的乐趣，那么愿意花时间，并为此付出名誉上的代价。毫无疑问，我们仍有问题要问，但他的故事将是一个解释的开始，因为它把他的行为与一种已有的价值联系起来，即为他人提供无害的乐趣。

然而，假设我们将上述解释替换成这样一种解释：约翰逊采取了极端的存在主义者的观点，并表示他确实将以上述方式旋转视为自己"必要的义务"，这是他非常重视的事情。与第一种解释不同，这实际上并不能解释他的行为，也没有给我们提供一条线索，告诉我们为什么他会那样做，或者我们应该那样做。因此，尽管他想象中的主张与此相反，但它并没有赋予他的行为以任何意义或价值。这是因为它与我们可以认可的价值缺乏任何联系。

在此，最最重要的是要强调，认可价值并不等于分享价值。我们似乎不太可能去分享这样的欲望——让自己付出代价来给完全陌生的人带去无害的乐趣，但作为我们可以具备的一种价值，我们可以认可它。同样重要的是，我们可以观察到，人们实际上会将那些难以理解或毫无意义的事情视为有价值的。说个人不能创造价值，并不意味着约翰逊不能真正重视他的小仪式，想必他是重视的。但这也表明，他对小仪式的依恋无论有多深，都不足以使它变得有价值。

有存在主义者可能会回应说，他对仪式的依恋使仪式对他有价值，而我们有理由认为萨特不会这样回应。他明确否认他的存在主义版本是"狭义主观的"（narrowly subjective）。他想拒绝接受主观和客观之间的区别，转而诉诸"主体间性"（inter-subjectivity），他说："任何意图都有普遍性，在此意义上，任何意图都是任何人所能理解的。"（萨特《存在主义与人道主义》，1973：46）对于一个人真诚做出的选择，我们可以说，这是基于共同的价值观，而且除了他本人，没有人能做到。

但在我看来，这种从激进立场的退缩是以牺牲清晰性为代价的。说"只有比尔能做出他自己的选择"无疑给人一种无趣的感觉，就和说"如果选择是其他人做出的，那不会是比尔的选择"给人的感觉一样。而如果这就是萨特所说的不可能"为他选择另一种选择"的意思，那么我们则必须同意。但这一说法的真实意思并没有排除这样一种可能性，即"比尔本应做出不同的选择"。如果这是萨特想要排除的意思，那么他确实接受了"狭义的主观性"（narrow subjectivity）。

再说一遍，我们还有很多话要说，但这里的篇幅只够用于评述大体的思路。我们可以将所看到的总结为：面对"真诚的纳粹分子"现象，要么存在主义者必须直接断言，"真诚的纳粹分子"的诚意使他的行为比自欺状态下的相同行为更好（许多人会倾向于否认这一断言），要么存在主义者必须辩称，在某种意义上，个人或其他人主观上的认可实际上是对人类价值的创造。约翰逊的例子所检验的正是这第二种说法，很难看出如何对这类例子做出令人满意的回应。

因此，我们所考虑的支持和反对存在主义者立场的论证都是无定论的。尽管有这些反例，存在主义者仍然可以继续主张个人彻底的自由，反对任何自然或传统的价值。这就引出了第四个关键问题。

彻底的自由

存在主义的核心是关于彻底的自由的学说。我们被告知，人类的境况是处于不可逃避的自由之中（尽管不仅仅是这样），因此也要负起不可逃避的责任，亦即承担不断选择自己的价值并致力于实现它们的责任。这种想法与人们熟悉的说话方式大相径庭。我们经常说"我不能来，因为我必须……"，而"不能"和"必须"则表明了约束我们选择和行为的必然性，它们排除了不可能的行动方案。但是，如果萨特是对的，那么这种说话方式就是骗人的，因为它们没有任何实践必然性，一切对我们来说都是可能的——接受、拒绝或避免，都是可能的选项。

然而，这样说来，存在主义似乎完全是错误的。我们不可能在任一时刻选择任一行动方案，不过是因为先前的决定本身可能限制了我们当下的选择。如果我现在把蛋糕吃了，之后就不能吃它了。并不仅仅是我的决定会限制我的选择自由，其他人的决定也可能如此：我可能买不到我想要的音响了，因为你刚刚买走了最后一个存货。

有人可能会回应说，这些例子并没有对彻底自由论的一般命题构成不利，因为它们是逻辑上不可能的例子——是逻辑决定了我不能买非卖品，不能吃已经吃完的东西。这只不过像是在表达"那些不供我选择的行动方案不供我选择"，这是一个令人兴趣索然的琐碎事实。它并没有限制我在可供选择的行动方案中做出选择。在逻辑上可能的范围内，我仍然处于不可逃避的自由之中。

然而，即使是这个修正版的命题似乎也是错误的。在冰岛，除了在政府经营的酒类商店，我不能在其他任何地方自由地买到一瓶威士忌。这里存在对我自由的限制，但它不是逻辑问题，而是法律问题。存在主义者可能会回应说，我有选择违反法律的自由。的确如此，但这还不足以表明我是彻底自由的。这种回应让我们撇开了一个重要的事实，那就是这需要别人也愿意违法（我不能卖酒给自己）。我说冰岛人彼此间不能自由买卖酒，这里的"自由"当然是指他们法律上的自由，而不是逻辑上的自由。因此，尽管我在其他地方买酒确实没有逻辑上的障碍，但这并不表明我在相关意义上是自由的。我们仍然可以区分哪些逻辑上的可能性是合法的，哪些不是。有人可能很轻易就回应说，既然法律可能会被破坏，那么法律上的限制就不是所谓的对自由的限制。但这似乎是错误的。从"自由"的非常直接的意义上说，一个在法律上容许我自由发表批评政府言论的国家，比一个不容许我自由发表此类言论的国家更自由。

这个例子向我们指出的一般结论是，谈论"自由"总是需要一些限定条件。自由是与某些事物（如刚才给出的例子中的逻辑或法律）相关的自由。但是，一旦我们明白了这一点，我们也就能够明白，在许多重要的方面，我们可以自由，也可以不自由。例如，我可以在任何我想投资的地方投资，但有些投资是非法的，有些是愚蠢的。如果我的财务顾问说"你不能投资这个！"，那么对于他这话的意思的一种可能解释是，这样的投资在逻辑上是不可能的（该问题公司已不复存在）。而对他来说，同样可能的意思是，这在财务上是不可能的（没有资金用于投资），或者计划的投资是非法的（你不能投资可卡因），或者这是愚蠢的（有许多利润高得多的公司股票可供投资）。他还有（也许很罕见）一种意思可能是，这是反伦理的或不道德的，一个道德高尚的投资者不能投资于它。

所有这些理由都给投资者能做什么和不能做什么带来了限制。它们排除投资行为的理由分别是：这些行动是逻辑上不可能的、经济上不可行的、非法的、不明智的、不道德的。存在主义者可能会继续坚持说，就像在冰岛买酒的例子中一样，只有前两个理由给自由带来了真正的限制，因为非法、不明智和不道德的行为是完全可能的。因此，只有前两个可以说是对我们自由的真正限制。这是一个很多人都觉得有说服力的想法。逻辑上或物理上不可能的事情，在更强的意义上看起来确实比被认为在法律上或道德上"不可能"的事情更不可能。但重要的是要注意到，从实践慎思的角度看，逻辑上和物理上的不可能并不比法律上的不可能更重要。

当我们推理做什么时，我们在试图限制我们的行为选择；这就是推理的要点。我们想要排除某些行动方案。当然，为了能够排除它们，我们必须能够首先考虑它们，所以在某种意义上它们对我们必须是可选择的。但是，在基于某些理由做出反对它们的决定时，我们也承认有理由将它们排除在外。存在主义者坚持认为，所有这些基于法律、道德或审慎理由的"排除"都不能使行动变得不可能，因此也不能消除我们选择行动的自由。萨特说，我们注定是自由的，因为在没有上帝的情况下，"没有任何地方写着'善'存在，一个人必须诚实或不能撒谎，因为我们现在处在只有人的阶段"（萨特《存在主义与人道主义》，1973：33）。但这只不过是混淆了从单一角度来看的自由和可以从任一角度来看的自由。不受神所创造的自然法则的约束，并不意味着不受任何约束或限制。

如果这是正确的，存在主义所说的彻底的自由充其量就只是一种逻辑上的自由。在逻辑上可能的范围内，还有许多其他方式可以限制行动自由。然而，不止于此，我们要说的是，这些另外的限制不应被拒绝，而应受到欢迎，因为我们应该想要的自由不是不受约束的选择可能性，而是理性的自由。要明白这意味着什么，请考虑以下示例。

假设我正在从事一项历史调查，或者正试图对某种疾病给出科学的充分的解释。在每种情况下自由都是必不可少的，我希望能够自由地得出正确的答案。也就是说,我必须避免依照能取悦我的教授、我的政治主子(political masters)、我的资助者的内容,或者根据时髦和哗众取宠的内容来制定我的答案。唯一重要的是,我是通过理性思考的自由过程得出正确答案的。但是,说我必须自由地得出自己的答案,并不是说我可以自由地得出任何答案。有些答案是无知和愚蠢的,无论它们在我的想象中多么吸引人,从上述讨论中的研究的角度来看都是毫无价值的。当然,我可以自由地得出其中一个毫无价值的答案,因为我总有可能忽视好的推理原则而伪造证据。但是,这种自由并不是当我们谈论思想自由时所想的那种自由。相反,当我没有外部压力时,我通过遵守论证和举证的规则来得出真相,这一事实并没有限制我的自由。我想要的、值得拥有的自由,不会因为它受到理性的约束而失去分毫价值。

这个例子表明,一些限制远不是对自由的约束,恰恰是它们使自由变得有价值。当我检查我的计算并说"这个答案不可能是正确的"时,我自由地陷入了对必然性的思考中。有人告诉我说,我有接受任何我喜欢的答案的自由(在一种无趣的意义上,我确实有),但这是无关紧要的。同样的道理也适用于其他类型的自由。我们已经看到,试图在数学、科学或历史中找到真相,并不代表对人类自由的任何非法限制。相反,它允许人类享受那种有价值的自由,即理性自由。同样,自由抉择你自己的价值观并不排除可以尝试去发现客观上的善与恶。如果我们在这样做的过程中确实发现了真相,这将与数学家对其问题的追索一样,不会是对自由的根本拒斥。

这一结论对存在主义的思维方式有着重要的影响。为了充分理解这些影响,我们需要在对论证进行总结性回顾的情况下来看待它们。

小结

存在主义者认为，我们在选择价值和生活方式方面是彻底自由的。在某种深层意义上，我们定义了自己和我们所代表的东西。这种彻底的自由导致的一个后果是，个人必须对自己的所为、所是和所信承担全部责任。没有"善"的上帝或其他外部标准可参考，也没有社会条件或心理条件可指责。

然而，并不是所有人都乐意接受这种彻底的自由的状态。事实上，对许多人来说，这是导致痛苦的原因。他们有一种强烈的倾向，即通过掩饰人类选择的源头和方式来回避它。换句话说，自欺行为是普遍而容易的，真诚行事才难能可贵。此外，既然连我们对基本价值的选择也是彻底自由的，所以我们的行动是出于真诚还是自欺，将是对我们人类价值和尊严的最高考验，无论我们选择和据以行动的价值是什么，都是如此。

在这一点上，批评者诉诸"真诚的纳粹分子"的事例。难道存在主义没有迫使我们说，"真诚的纳粹分子"至少比那些并不真正相信雅利安种族神话和大屠杀可取性的人更好吗？如果是这样的话，它与一种至少可理解的观点相冲突，即明确地支持邪恶比无耻地口是心非更糟糕，而不是更好。

当然，这样的反对相当于简单的反向断言（counter-assertion），但它需要存在主义的理由来反驳。在追求这样一个理由的过程中，我们探索了一种更为激进的思路，即真诚且有见识的个人是价值的源泉。这就是没有什么可以进一步用来将他的选择判断为善或恶的原因。然而，对这一回应的仔细研究表明，要理解"价值和意义可以由个人意志行为赋予"这个想法是多么困难。说"个人可以自由选择自己的价值"，可以更自然地解释为他们可以在已有的价值之间自由选择。

即使是这种选择，也不能说有存在主义者所期望的那种意义上的彻底的自由。前一节表明，自由的观念与服从某些种类的限制和约束之间并不存在冲突。思想并不会因为遵循逻辑法则而减损其自由。同样，我们对价值的选择也不会因为寻求遵循善与恶的真理而减损其自由。这表明，主观选择可以在客观价值的引导下进行，而不会失去任何自由。因此，寻求客观理性的价值来引导我们的生活和决定我们的行动，并不一定是一种自欺行为。

当然，说对理性价值的自由追求是可能的，并没有保证它一定会成功。然而，从柏拉图开始，许多哲学家都以相当乐观的态度去对待这项任务。对理性探究好生活抱以最大希望的哲学家是18世纪的德国哲学家伊曼努尔·康德（Immanuel Kant）。他的思想是下一章的主题。

拓展阅读建议

一、原始文献

索伦·克尔凯郭尔（Søren Kierkegaard）：《结论性的、非科学的附言》（*Concluding Unscientific Postscript*）

索伦·克尔凯郭尔（Søren Kierkegaard）：《畏惧与颤栗》（*Fear

and Trembling）

让-保罗·萨特（Jean-Paul Sartre）：《存在与虚无》（Being and Nothingness）

让-保罗·萨特（Jean-Paul Sartre）：《存在主义与人道主义》（Existentialism and Humanism）

阿尔贝·加缪（Albert Camus）：《西西弗神话》（The Myth of Sisyphus）

二、评论

帕特里克·加德纳（Patrick Gardiner）：《克尔凯郭尔简论》（Kierkegaard：A Very Short Introduction）

约翰·利皮特（John Lippitt）：《克尔凯郭尔与〈畏惧与颤栗〉》（Kierkegaard and Fear and Trembling）

克里斯蒂娜·豪厄尔斯（Christina Howells）主编：《剑桥萨特指南》（The Cambridge Companion to Sartre）

三、当代讨论

朱利安·杨（Julian Young）：《上帝之死与人生的意义》（The Death of God and the Meaning of Life）第9章至第11章

托马斯·内格尔（Thomas Nagel）：《人的问题》（Mortal Questions）第2章

第六章　康德主义

到目前为止，我们一直认为好生活就是人类最希望过的那种生活。但现在是时候考虑一下"好生活"这一表达的两种含义之间的重要区别了。在某种意义上，"好生活"是指最令人向往或最幸福的生活。在另一种意义上，它是指最有价值或最高尚的人类生活。

德性与幸福："过得好"与"做得对"

这种区别在古希腊哲学思想中并不重要。它首先是在18世纪的欧洲才得到真正重视的。虽然只有到那时，我们才能理解这种自觉做出的区别，但尚有争议的是，它的起源要比基督教的出现早得多。因为基督教的创新之一是提出"穷人和谦卑的人可以得到祝福"的观点，相反（用《马可福音》的话说），即使我们拥有整个世界，如果我们在这个过程中失去了灵魂，那也不是真正有益的。正如我们将在后面的一章中看到的，如果要恰当地讨论这些基督教的观点，就必须在一个关于好生活的更大的宗教观念背景下对其进行考察。但毫无疑问，它们在共同道德观念的形成中，特别是在这一区别（这是本章的聚焦点）被广泛接受的过程中发挥了很大的作用。

这一区别可以通过多种方式来标定。一种方式是将"过得好"（faring well）与"做得对"（doing right）进行比较。司空见惯的是，即使是最无原则、从未做对的人，也能过得很好。事实上，至少从希伯来《诗篇》作者（Hebrew Psalmists）所处的时代起，人们就一直困惑于这样一个事实：发达的往往是恶人。道德上的错误似乎并不妨碍物质上的成就。相反，俗话说，好人（往往）英年早逝，所以做得对并不能保证过得好。简言之，好生活的两种含义很容易且经常分离。

现在看来，古希腊的思想家们虽然没有明确阐述这种区别，但他们已经意识到了这些关于幸福和德性的常见事实。在从那个时期幸存下来的许多哲学著作中，我们可以看到考虑到这些事实的尝试。诚然，亚里士多德毫不妥协地认为，被剥夺今生的社会和物质利益就是被剥夺了好生活。但柏拉图有时会提出这样的看法，即这些利益并不重要。事实上，我们可以看到，这个看法在我们已经讨论过的一些争论中起着作用。当苏格拉底与色拉叙马霍斯和卡利克勒斯争论时，他多次暗示，那些我行我素并战胜他人的人，只是似乎得到了最好的结果。实际上，他声称，他们对自己最根本的利益——他们自己灵魂的健全——造成了几乎无法弥补的损害。因此，苏格拉底认为，面临在作恶与受苦之间做选择时，那些最关心自己真正福祉的人会选择受苦，而不是作恶。

在《新约》（New Testament）中，物质上获利和精神上受损得到了明确的对比。耶稣问道："人就是赚得全世界，赔上自己的生命，有什么益处呢？"（《马可福音》8：36）基督徒常常出于纯粹的修辞目的而使用这句话。这句话在被使用时，并不是作为一个具有挑战性的论点，而是作为一件众所周知之事的提醒，用另一句《圣经》中的话来说，即"人活着，不是单靠食物"（《马太福音》4：4）。但是，如果我们认为，耶稣所说的只是一种虔诚的情感——每个人在不那么世俗的时刻都会认同这种情感，那么我们就失去了它的力量。我们需要问的是，这个问题中正在起作用的对比是什么？这里的"生命"是什么意思？

这一点特别重要，因为对许多人来说（即使承认这一点并不总是让人感觉良好），《新约》问题的答案是显而易见的："他得到了整个世界，他还能想要多少？"关于浮士德博士（Dr. Faustus）的著名故事探讨了这种反应及其含义，浮士德将自己的灵魂交给撒旦，以换取无限的物质财富和权力。

浮士德博士的故事可能是根据16世纪德国术士约翰内斯·浮士德（Johannes Faust）的真人真事改编的。然而，就这个人衍生出的传说比他本人重要得多。根据传说，浮士德与魔鬼订立了一项协议，魔鬼承诺给予他远远超过人类通常所能获得的知识和魔力，以换取他死后的灵魂，而通过这些知识和魔力，浮士德可以实现他所有的世俗欲望。为了确保交易双方遵守协议，撒旦派出了一个更狡猾的仆人梅菲斯托菲勒斯（Mephistopheles）。他是向浮士德传递知识和力量之人，也是导致浮士德之死的人。

在英国剧作家克里斯托弗·马洛（Christopher Marlowe）的著名戏剧《浮士德博士的悲剧》（*The Tragical Life and Death of Dr. Faustus*）和德国诗人歌德的诗剧《浮士德》（*Faust*）中，浮士德的原始传说得到了更为复杂的处理。在所有版本中，这个故事的重要之处都在于它迫使我们区别出"好生活"的两种含义。我们如果要找到令人信服的理由来说服自己和他人，让他们相信浮士德做了最糟糕的交易，就不能以他未能获得生活所能给予的美好事物为理由。因为这正是撒旦保证要提供给他的。因此，他失去的善和他给自己带来的恶，一定是严重不对等的。由浮士德的事例带来的问题是，不同类型的善和恶之间一定存在着种类上的差别，而不仅仅是程度上的差别。这意味着我们必须详细区分"好生活"这一表达的不同含义。

在这样做的过程中，我们可能会诉诸来生的奖励和惩罚，就像人类世代所做的那样。事实上，这个故事本身就鼓励我们这样做。这样的诉求引出了两个截然不同的问题。首先，有所谓来生吗？其次，如果有的话，它的回报超过了今生中的一切吗？这两个问题都将留到最后一章讨论，不过在这里我们可以注意到，对于有关好生活的哲学来说，第二个问题更为重要。目前，我们如果坚持今生优先，如果把浮士德的损失解释为是当前的损失而不是未来的损失，则需要表明：首先，物质上最好的生活（他无疑正享受着的生活）并不是道德上最好的生活；其次，道德还有更多值得赞扬的地方。

换句话说，任何对浮士德的故事所引发的挑战的恰当回应，如果旨在表明他犯了错误，就必须在物质上的善和道德上的善之间、在我们如何成功和我们如何行为之间、在拥有好生活和通向好生活之间做出区分。然而，我们应该注意到，仅仅通过区分来回应浮士德和那些像他一样思考的人是不够的。我们还必须说明，为什么一种好生活（做得对）比另一种好生活（过得好）更可取，也就是要说明，在面对选择时，为什么我们应该宁愿物质上受损，也不作恶——这正是柏拉图所认识到的。

康德与"善良意志"

事实上，这也就是18世纪德国哲学家伊曼努尔·康德为自己设定的任务。康德是有史以来最伟大的道德哲学家之一。他发展和完善"道德生活"（the moral life）的概念，正是为了给这些问题提供理性的答案。康德在道德哲学方面最著名的著作是《道德形而上学的奠基》（*The Groundwork to the Metaphysics of Morals*）。正如这个标题所暗示的那样，康德旨在阐明道德思想和道德行为的根本的、理性的特征。我们可以发现，他在书的开头提出了一个论点——类似于苏格拉底借以反对卡利克勒斯的论点——物质利益和个人才能可能被使用得当，也可能被使用不当，因此它们不能构成评判善与恶的基本准则。

在世界之内，一般而言甚至在世界之外，除了善良意志（good will），根本不可能设想任何能够被无限制地称为善的东西。知性、机智、判断力和其他心智上的才能（无论它们被称为什么），或者作为气质属性的勇敢、果断和坚毅等，无疑在许多方面都是善的、可取的。但是，假如想利用这些自然禀赋（在其特殊构造中被称为品质）的那个意志并不善的话，它们也可能成为极其恶劣的和有害的。权力、财富、荣誉，甚至健康、一般福祉，以及对自身状况的满足——所谓的幸福，如果没有善良意志来矫正它们对精神与行动的精神原则的影响，从而使它们普遍符合其目的，就会使人骄傲甚至狂妄。更不必说，一个理性、公正的观察者，在看到一个丝毫没有纯粹而善良的意志的人，却持续享受着康乐（像浮士德这样的人）时，定会愤懑不已。因此，善良意志似乎就构成了配享幸福的不可或缺的条件。

（康德《道德形而上学的奠基》，1959：9）

康德的观点是这样的：无论我们多么富有或才华横溢，这些优势都可能被滥用。巨大的财富可以被故意浪费在无用的琐事上，或者用来腐化和贬低他人。罪犯和恐怖分子有时在电子应用、洗钱或战略规划方面表现出非凡的才能。康德认为，除非我们准备说，即使在这种情况下，这些善的东西也是绝对的善，否则我们必须从其他地方寻找评判好与坏、对与错的最根本标准。

如果物质利益和个人才能都不能成为评判的根本标准，那它能是什么呢？刚才所给出的滥用好东西的例子可能会使我们倾向于认为，重要的是物质利益和个人才能的用途。但在康德看来，不可能是这样，因为无论我们多么仔细地计划我们的行动，都不可能保证它们的结果［苏格兰诗人罗伯特·彭斯（Robert Burns）在一句著名的诗句中表达了同样的看法，"人也罢、鼠也罢，最好的打算往往落得一场空"，即经常误入歧途］。康德说，如果我们在努力做的事情上有一个善良的意志或意图，但"由于特别的时运不济或无情自然的吝啬提供"，导致我们无法完成预期的目标，那么我们所拥有的善良意志仍然会"像一颗宝石那样,作为一种自身就具有其全部价值的东西,独自闪闪发光"(康德《道德形而上学的奠基》,1959:10)。

以下的例子可以用来说明这个总的观点。假设有人在一家国际慈善机构工作,为难民营筹集资金和组织药品供应。在一场大灾难之后,她付出了巨大的努力,并设法筹集和运送了大量急需的药品。但并非由于她的过错,储存设施出现故障,药品被污染了。不幸的是,人们还是在不知道药品的糟糕状况下分发了它们,结果导致营地的死亡率上升到了远远高于完全没有输送药品时所能发生的水平。这当然是一场巨大的悲剧。但即使慈善工作者应该感到内疚,她实际上也不会对这个可怕的结果负责。真正的过错必须归咎于"特别的时运不济或无情自然的吝啬提供",而她为目标所做的努力虽然落空,但仍然会"像一颗宝石那样,作为一种自身就具有其全部价值的东西,独自闪闪发光"。

在相反的情况下,康德也会得出同样的观点。假设在一个狂风暴雨的夜晚,我开车回家时看到一个我视为仇敌的人正穿过这条偏僻的路,我试图把他撞倒。幸运的是,我突然加速的声音提醒了他有一棵正向他倾倒的树,他及时跳进沟里,避免了被压在树下。通过这一怪异的方式,我的邪恶意图救了他的命。尽管如此,这个好结果丝毫不能减轻我行为的邪恶。

因此,意图和结果需要分开,对于成功的行动而言,结果似乎并不是最重要的。这是因为,在第一个例子中不幸的结果并没有玷污意图的美好本质,而在第二个例子中有益的结果并没有改变意图的邪恶特性。所以,最重要的似乎是行动背后的意图(康德称之为"意志"),而不是行动的成功或失败。

然而，关于意图和意志需要更详尽的分析，因为意图背后可能有不同的动机。在刚才讨论过的慈善工作者一例中，慈善工作者可能无法实现自己的良好意图，但她仍然（可以这么说）在道德上丝毫无损。但是，如果我们发现她尝试救援工作的初衷与那些被救者的福祉无关，而是为了赢得个人的声誉和荣誉，这将严重减损她所做工作的道德价值。美国荒野西部赏金猎人的真实案例也说明了这一点。这些人的目标是做一件好事——将暴力和邪恶的罪犯绳之以法，但他们自己往往并不关心正义。他们这么做，部分是为了金钱回报，部分是因为他们喜欢猎杀人。在康德和大多数人看来，这样的动机完全破坏了他们行为的道德价值。

但更具争议的是，康德还认为，我们认可的一些动机本身并不具有道德价值。他说：

> 有……许多人是如此富有同情心，以至于在没有任何虚荣或自私的动机之下，他们仅从传播快乐中获得内在的满足，并为他们使之成为可能的他人的满足感到高兴。但我要说的是，无论这种行为多么尽职尽责，多么讨人喜欢，它都没有真正的道德价值。

（康德《道德形而上学的奠基》，1959：14）

这是因为它是由偏好（inclination）引起的。康德并不像一些人以为的那样，认为你永远不应该享受行善。然而，他确实认为，自发而愉快地做正确事情的人的行为与另外一些履行这些事情的人的相同行为之间存在着重要的区别，后者那样去做仅仅因为它是正确的，即便这可能很难做到。康德请我们考虑这样一个人，这个人的生活轻松惬意，对他人非常热心，乐于满足那些处于困境的人的需求。突然间，他的生活被一些巨大的个人悲伤所笼罩。他发现自己对别人的事情提不起兴趣，总是被自我关注所淹没，尽管他仍有办法去减轻别人的痛苦，而且这样做的需求像往常一样强烈。

现在，设想他自发地从这种极度麻木不仁的状态中挣脱出来，仅仅出于义务而不带任何偏好地做出这一行动——这时他的行动才首次具有真正的道德价值。

（康德《道德形而上学的奠基》，1959：14）

康德之所以认为，真正的道德功过只与行为有关，而与行为者的感觉无关，是因为他相信"偏好不能被控制"，而行为可以。既然人们只能在他们可以负责之处受到赞扬或指责，那么赞扬或指责只能与行为有关，而不能与感觉有关。在你做不到让自己高兴地去见某人的情况下，你也仍然可以欢迎他们。你会忍不住为你不喜欢的人的失败感到高兴（德语中称之为"Schadenfreude"，即幸灾乐祸），但你也可以不顾自己的感觉，而是以同情的方式对待他们。在康德看来，决定道德价值的是行为而不是感觉。

我们必须将这个结论与之前的论点结合起来，即成功在道德上也不重要。最重要的是，人们应该致力于做正确之事，因为它是正确的。不论他们的自然偏好是支持还是反对这一点，也不论他们的善意是否实现，都是无关紧要的。一是因为我们无法控制自己的感觉，二是因为我们无法完全控制我们周围的世界。因而，从道德角度来看，唯一完全在我们控制范围内的东西，我们唯一可以受到赞扬或指责的东西，就是意志。这就是为什么康德说，只有善良意志才能是绝对的善，而绝对的善良意志是为了履行义务而履行义务。

假设我们同意这一点（至少暂且如此），仍然有这样一个重要的问题。如果唯一绝对善的东西是善良意志，又如果因善良意志导致的结果不善，那我们又该如何确定或证明它的善呢？它的善本身包含了什么？康德的回答是，善良意志是一种纯粹理性意志。然而，要想理解他这句话的意思，需要做大量的解释。

大卫·休谟与实践理性

哲学家们经常阐述理论理性（theoretical reason）和实践理性（practical reason）之间的区别。在他们看来，其区别在于，前者是旨在告诉你该想什么或该信什么的推理，后者是旨在告诉你该做什么的推理。然而，事实上，这种区别很难做出来，甚至我刚才将其提出来的方式本身也存在异议，因为它以完全正确的口吻谈及有关做什么的信念。但两者之间的差异是显而易见的，因为一般来说，理论理性的一次运用，亦即我们所说的诉诸证据和论证，最终会得出一个有关实际情况的结论。例如，"吸烟是肺部疾病的一个诱因"。与此同时，实践理性也包括对证据和论证的审查，最终会得出一个应该做什么的结论。例如，"你应该在离开大学之前修一门会计方面的课程"。

一些哲学家认为，理论理性和实践理性的区别在于，实践理性的推理在产生任何效力之前需要推理者有某种欲望。要了解他们为什么会这样想，我们只需要举出刚才提供的例子。想象一下，有一个理由被用来说服你在离开大学之前应该修一门会计方面的课程。它可能像这样提出来：

目前，对毕业生来说，薪酬最高的工作是在金融和商业领域。雇主们不想招聘那些认为自己已经对业务了如指掌的人。但与此同时，他们又希望招聘那些对商业实践并不完全陌生的人，那些能够展示他们在历史或哲学方面的才智能力的人，这些能力将以有利于公司的方式表现出来。因此，修一两门会计方面的课程会让你在就业市场上比商科毕业生或纯文科毕业生有一个更诱人的前景。

作为一个理由，这对许多人来说无疑是有说服力的，但很明显，它的说服力来自两个条件的合集。首先，它所声称的有关金融领域工作和公司招聘人员的事实必须是真实的。其次，被劝说者一定想要一份高薪的工作。如果这两个条件中的任何一个不成立，这个理由就失去了它的效力。因此，举例来说，如果我提出这个理由针对的对象有私人收入而根本没想找工作，那么"你应该在离开大学之前修一门会计方面的课程"的结论就不适用了。

在这方面，第二个例子与第一个明显不同。如果有证据和论据表明吸烟会导致肺部疾病，那么只要指称的事实是真实的，就能得出结论，我也必须接受这一结论。我想要什么或不想要什么都无关紧要。当然，人们有时会让他们的欲望蒙蔽自己，使他们对真理视而不见，但关键是，当这种情况发生时，他们的信仰是非理性的，违背了理性。与此同时，在实践理性的情况下，你的愿望决定了理由的适用性。

有一种看法认为，实践理性是假言式的。也就是说，它的形式是"如果你想要这样那样，那么你就应该这样那样做"。反之，如果你不想要这样那样，那么你应该做的事情就不会随之而来。这意味着，实践理性，至少就我们所讨论的例子而言，并不是一个非常有力的行为指南，因为我们可以通过放弃或改变我们的欲望来逃避它的要求。

事实上，一些哲学家声称，所有的实践理性都是假言式的，并以这种方式依赖于欲望。苏格兰哲学家大卫·休谟即持有这一观点，我们在前文中曾简要地提到过他。在其《人性论》的一个著名段落中，他声称："理性是而且只应当是激情的奴隶，除了服务和遵从激情之外别无他责。"（休谟《人性论》，1967：415）。他的意思是，对理性的运用，只有它指出了达到我们独立渴望的目的的手段，才是切实有效的。

在一些人看来，休谟的这一观点有一个奇怪的结果，即我们不能对欲望进行推理，因此不能宣称任何欲望是非理性的。事实上，休谟接受了这一点。

> （他说，）比起划破我的手指，我宁愿整个世界被毁灭，这并不违背理性。为了不让一个印度人或一个我完全不认识的人感到丝毫不安，我选择把自己彻底毁了，这并不违背我的理性。即使我选择为了我所认为的较小利益而舍弃较大的利益，而且我对前者的爱好比对后者的爱好更殷切，这也丝毫不违背理性。
>
> （休谟《人性论》，1967：416）

我们需要非常清楚地知道休谟在这里说的是什么。他并不是在赞扬他所描述的任何一种态度。这三种态度都是不正常的，甚至可以说是不合理的，如果我们所说的合理只是指"普通人会接受的合理"的话。毫无疑问，如果我们遇到一个自视甚高的人，他真的表示宁愿看到整个世界被毁灭，也不愿看到自己的小指有伤痕，我们会对他的态度感到震惊。同样，任何真心情愿经历痛苦，而不愿让素不相识的人遭受最轻微的不适的人，无疑会被视为古怪到了疯狂的地步。而那些自我毁灭的人，也就是那些积极地寻求伤害自己的东西并贬低自己最大利益的人，通常会被认为是有心理问题的人。但是，在休谟看来，这些态度都不是完全非理性的，因为它们没有犯任何理智上的错误。其中不存在任何事实根据，或数学类型的计算，或逻辑上可证明的推理，显示有关的人是错误的。正常与不正常的区别完全在于这些人的欲望是否具有不同寻常的特征。

如果真是这样的话，那么很明显，诉诸理性在任何时候都不能为行为产生一个决定性的依据，因为所有此般诉请都只是在屈从于欲望的条件下发挥作用，因此，抽象的理性在面对实践问题时是无能为力的。这意味着，像"你不应该杀人"这样的一般原则必然迟早会依赖于这样或那样的欲望，即不抢夺他人最宝贵的财产（生命）的欲望，或者不给亲朋好友带来痛苦和折磨的欲望。但是，如果有人没有这样的欲望呢？如果他们是十足的虚无主义者，什么都不在乎呢？这是否意味着该原则不适用于他们了？而且这是否进一步表明了，如果我能让自己产生一种不再关心他人的生活和感受的心态，那么这一原则也就不再适用于我了？

从表面上看，这似乎是完全不可接受的。大多数人会说，那些对别人的感受漠不关心的人，不是因为他们不在乎而免除了义务，而是因为他们本应在乎。然而，如果休谟是对的，那么就没有进一步的理性基础作为这个"应该"的基础了。他们不在乎，而他们不在乎也就"不违背理性"了。如果休谟是对的，那么感受和欲望怎么能受制于理性呢？你要么有，要么没有。

假言命令与定言命令

正是这个实践理性的问题，使得康德试图为休谟的实践理性提供一种替代的解释，尽管他并没有在《道德形而上学的奠基》中明确地讨论休谟。康德认为，如果我们把实践理性的结论视为命令（关于做什么的指令），那么这些命令不是以单一的类型而是以两种不同的类型出现的。首先，休谟正确地将一些命令定义为假言式的（hypothetical），也就是说，这些命令的效力取决于我们是否有恰当的欲望。这可以从以下虚构的对话中看出来。

"你如果想参加伦敦马拉松比赛，就应该开始训练。"（假言命令）

"但我不想参加伦敦马拉松比赛。"

"好吧，既然这样，你就没有理由开始训练了。"

假言命令本身分为两类。以上是康德所说的"技术性"命令（"technical" imperatives，即有关指向所选目的的技术手段的命令）的一个例子。然后是祈使式命令（assertoric imperatives）。这些命令也取决于欲望，但它不是某人碰巧有的欲望。祈使式命令诉诸人类自然倾向于共享的欲望，例如健康和幸福。正因为它们被广泛共享着，所以它们的存在通常是假定的，而在正常情况下，这就产生了比许多假言命令更具普遍效力的祈使式命令。但是，尽管如此，祈使式命令并不具有普遍约束力。例如，"你应该戒烟，因为它正在损害你的健康"这一祈使式命令通常被视为一个压倒性的理由

（假设吸烟和健康不良之间确实存在因果关系）。但事实上，有人可能会回应说"我不想保持健康"，尽管这种情绪极不寻常，但如果它是真的，就足以消除祈使式命令的效力。在这种情况下，我们可以合理地认为，我们共同的价值观——良好的健康——实际上并没有被共享，其对行为的建议也未能像在技术性命令的情况下一样适用。

与这两种假言命令形成对比的是定言命令。定言命令具有非常特殊的性质，即不依赖于任何假定的条件，因此不能通过否认任何有条件的欲望来加以拒绝。正是这类命令被认为阻止了休谟对实践理性的描述所造成的动摇的进一步扩大。

"你应该去医院探望你的邻居，因为你答应过的。"
"可我不想去。"
"无论你想去或者不想去，你都应该信守诺言。"（定言命令）

康德认为，随着定言命令的发现，我们已经触及了道德的核心。定言命令超越了我们的需求和欲望，为我们提供了理性的行为原则。根据这些原则，我们可以评估这些欲望本身。哲学家们通常是这样表达的：这些行为原则是压倒一切的，也就是说，当我们决定做什么时，它们优先于其他各种考虑。

事实上，这种凌驾一切行为原则的想法与许多人对道德的一种看法非常吻合，即道德是人类行为中比任何其他方面都更重要的一个方面。我们如果证明某个动议可能无利可图或不受欢迎，那么提供的是反对它的理由，但不是压倒一切的理由，因为对利润和受欢迎程度（或人们普遍关心的东西）的考虑不应该优先于我们在道德上的要求。盈利的动机是合理的，但它必须排在诚实之后。逗人发笑是一件好事，但当它涉及谈论有关他人的诽谤性谎言时就另当别论了。简言之，道德操守要求我们把受欢迎程度、盈利能力、便利性和其他各种个人利益放在次要地位。

这种对道德考虑具有压倒一切的特性的普遍信念，正是使康德的定言命令概念具有吸引力之处。或者说，如果有所谓定言命令的话，就至少确乎如此。事实上，到目前为止，我们只是简单地对比了两种基本类型的命令（技术性命令和祈使式命令基本上是一样的）。迄今我们还没有明确表明，定言命令是如何以理性为基础的。

现在，在此有一个真正的困难。我们很容易看出假言命令是建立在理性基础上的，正是因为它们是假言的。"你如果想要这门课的学分，就必须参加考试。"你如果确实想要学分，则可以通过检验规则来测试这一建议的理性基础，看看只有通过参加考试（而不是通过提交论文）才能获得学分是否属实。建议的合理性要视其真实性而定。又如，"你如果想要洁净的皮肤，就应该使用不含香料的肥皂"。你如果真的想要洁净的皮肤，就可以通过分别检验肥皂加香料和不加香料的效果来测试这一建议的真实性。

而在定言命令的情况下，似乎没有任何真实性需要检验。"你如果不想最终入狱，就不应该偷窃"这句话可以通过调查有关侦查率和定罪率的事实来核验。但是，我们可以调查哪些事实来核验"你不应该偷窃"这一定言命令呢？实际上，诉诸任何现实主义的道德"事实"并不是康德策略的一部分。相反，他认为，我们可以根据他所谓的"纯粹实践理性"（pure practical reason）来测试定言命令以检验它们的合理性。康德称之为纯粹实践理性，因为在他看来，它不涉及诉诸经验事实或感官经验的问题，而只涉及理智推理的原则。

纯粹实践理性与道德律

想象一个由完全理性的人（为简洁起见，让我们称他们为"天使"）组成的世界。说这些人是完全理性的，就是说他们总是在做我们（由于不够完美）总是应该去做的事。康德是这样表达这一点的：天使的客观法则（显然是去做正确的事）对他们来说也是主观准则（这正是天使天生倾向于去做的事）。而这对我们来说不是真的。客观上正确的东西通常被我们体会为对行为的约束，是我们"应该"做的事情，因为我们的自然倾向往往指向其他方向。相比之下，一种完全理性的生物就没有限制感，没有被约束或被要求的感受。由此我们可以理解，在一个由天使组成的世界里，理性法则会像这个世界里的自然法则一样。我们可以通过诉诸道德定律、是非法则来解释和预测天使的行为，就像我们可以通过诉诸物理定律来解释并预测液体、气体和固体的表现一样。天使做道德上正确的事，其自动性就像水往山下流一样。

事实上，这为我们提供了一种确定道德律的方法。假设我出于某个理由［康德称之为"准则"（maxim）］计划采取一项行动。现在我可以问自己："在一个由完美众生组成的世界里，按照这一准则行事能成为自然法则吗？"如果不能，则我表明了计划好的行动不符合纯粹实践理性，也就是在道德上是不对的。因此，根据所给出的理由执行计划好的行动是违背理性意志的。

这是对原则的正式陈述，当然，它是从任意的特定情况中抽象出来的。康德为我们提供了四个详细应用他的纯粹实践理性方法的例子。

  1. 一个饱受痛苦的人，预见自己在生命结束之前还会遭受更多的痛苦，于是他想知道如果选择自杀是否会更好。但他问自己：他的理由是什么？他能否始终如一地希望人们总是根据这个理由行事。他的理由是，生活对他来说，坏的可能性比好的可能性要大，所以被检验的准则是："当预示的未来将更坏而不是更好时，就自杀。"但他立刻意识到（或康德认为）这不可能是一条自然法则，因为正是未来看起来黯淡的事实为我们提供了一个努力改善它的理由。（例如）正是因为我们家里没有食物，我们才有理由出去买一些。一个将想要自杀者的准则视为自然法则的世界，很快就会自我毁灭，因为一切为努力延续生命提供充分理由的东西都会导致人们自杀。由此，康德认为，自杀是违反道德律的。

  2. 一个人负债累累。他有机会借到承诺偿还的钱，但他知道，事实上，他将永远无法偿还。尽管如此，他还是忍不住要做出承诺——一个虚假的承诺。而他问自己，这在道德上是否正确？康德再次诉诸定言命令，他认为，如果处于糟糕财务状况之下的人总是做出虚假承诺是自然法则的话，这将立即导致信用制度的崩溃，因为贷款人会知道，这笔钱将不会偿还，因此将拒绝放贷。由此可见，虚假承诺是违背道德律的。

  3. 一个人在某方面有天赋，但慵懒的倾向使他忽视这种天赋，因而无法提高它。他问自己，这件事在道德上是否有错。他立即看到，或者如康德所说，尽管一个基本上由无所事事和追求享乐的人组成的世界是可能的，但不可能真正存在这样一个世界，因为任何理性的生物都会想要抓住由不同类型天赋所提供的机会。

4. 一位富人看见周围许多人处于贫穷和困苦之中，却说："这与我何干？我无意为改善穷人的福利做出贡献。而且，万一我遇到困难，我自己也不打算求助于别人。"康德说，想象一个人人都持这种态度的世界是可能的，但不可能通过你的意愿，让这样一个世界真正存在。因为那样的话，你就剥夺了别人对你的帮助和同情，而这些正是你在困难时期可能想得到的。

这些例子仅仅是关于道德的一个总体性论题的诸多例证，我们必须回到那个论题上。但值得注意的是，大多数哲学家都同意约翰·斯图亚特·密尔对康德试图将纯粹实践理性应用于特定事例的评价——"当他开始从他的准则中推断出任何实际的道德义务时，几近怪异的是，他没有表明会有任何矛盾。"（密尔《功利主义》，1998：51-52）这些例子都没有说服力。拿最后一个来说，这取决于这个铁石心肠的人所想要的正是他说他无意获得的东西——他自己陷入困境时别人会给予的帮助。康德当然可以怀疑，一旦艰难时期真的来临，他是否还会继续持这种观点。如果真是这样，这也是康德所认为的与纯粹实践理性无关的那种人性的结果，而它并没有表明"不提供帮助，也不寻求帮助"的原则不可能始终如一地坚持下去，即便事实上秉持这一原则的人不太可能始终如一地坚持下去。康德似乎把逻辑上的不可能和心理上的不可能混为一谈了。

或者考虑第一个例子，这个例子应该表明，对于一个理性的人来说自杀是不可能的。但它其实根本没有。我们可以始终坚持，当情况非常不利时，自杀是理性的，而没有因此就同意在面对任何逆境时自杀都是合理的。只有把这两者等同起来，才能得出康德的结论。

普遍化

不过，即使康德的阐释工作做得不好，也并不一定意味着他的哲学基础是不可靠的。重要的是，他提出的决定道德要求我们做什么的方法是否令人满意。这种方法包括对每一个理性行为进行一项检验，这项检验后来在道德哲学中被称为"普遍化"（universalizability）。它是这样一个程序：看看你自己的行为理由是否同样适用于每个人，或者就你自己而言，它们是否只不过是诡辩。

对这一检验的哲学阐述可以附加上许多复杂曲折的情况，但实际上，从精神上讲，它与一种很平常的思维方式相差无几。当被提议做出一些行为时，人们常常会问自己和其他人："如果每个人都这么做会怎么样？"这被认为是一个重要的反对意见，但对它有两种不同的解释。有时，它的意思是，每个人做出这一有问题的行为的后果是极不可取的。例如，我可能会反对你在草地上行走，理由是如果每个人都这样做，累积的结果是很快就会没有草坪。然而，对于反对意见"如果每个人都这么做会怎么样"的另一种解释，是提请我们注意这样一个事实，即有些行为不可能是人人都会做出的，其结果是，任何为做出这些行为辩护的尝试都必然包含了个人的一些诡辩。例如，作弊的好处取决于大多数人都不作弊，所以，任何为我作弊辩护的尝试都必然包含了诡辩。

康德感兴趣的是第二种解释的普遍化检验，他对其给出了有关它的首个正式阐述。然而，重要的是，要看到与第一种解释相反，他不是在推断人类一般会做什么，而是在推断我们可以始终如一地希望什么成为全人类的共同行为。我们问的不是"每个人会做什么"（What will everyone do），而是"如果每个人都这么做会怎么样"（What if everyone were to do it）。当然，我们知道不是每个人都会这么做。这是关于一致性的检验，而不是关于结果的检验。

康德的例证为我们提供了许多定言命令——你不应该自杀，你不应该做出虚假承诺，你应该发展你所拥有的天赋，等等——但康德认为，这些都可以从一个基本命令中衍生出来，甚至所有道德行为法则都可以从这个基本命令中衍生出来。它就是，"我决不应当以别的方式行事，除非我也能够希望我的准则应当成为普遍法则"（康德《道德形而上学的奠基》，1959：18）。他的意思是这样的：你如果想知道自己打算做的事情在道德上是否正确，那么问问你自己，你能否始终如一地希望，无论何时，只要他们有与你那样做的相同理由，每个人就都应当那样做。或者用哲学家的行话来说，问问你自己，你能否始终如一地将你的行为准则普遍化。

康德继续（随着抽象程度的不断提高）提出了另外两个版本的定言命令。他的论点很复杂，由此得出的结论是，基本的道德法则是要求我们"尊重人格"（respect for persons）的法则。他这样表述这一版本的定言命令："你要这样行动：对待无论是你自己身上还是其他人身上的人性，都始终当作目的，而永远不能只当作手段。"（康德《道德形而上学的奠基》，1959：47）

这一表述亦即所谓"尊重人格"的理想标准。或许，在西方道德哲学中，它比任何其他伦理思想都更有影响力。要想正确理解它，需要对它进行大量的讨论。但在这里，既没有必要追溯康德达到这一理想标准的所有步骤，也没有必要更深入地探讨这个理想标准本身。因为我们想知道的，不是"尊重人格"是否是一项良好的道德原则，而是以"尊重人格"为要素的道德生活构想是否是我们有充分的理由接受的一种构想。关于康德哲学，已经讲得够多了，多到足以让我们对它进行概括，然后去审视这一构想。首先是概要。

康德哲学概要

当我们提出关于"好生活"的问题时，这些问题都带有一种模糊性。我们可以指"最幸福的生活"，也可以指"最有价值的生活"。后者更为重要，因为一个人所能期望的最好结果就是配享幸福，而实现这种配享就是过有道德的生活。然而，这并不在于做好事，因为我们试图做的好事是否真的发生，最终并不是我们可以控制的事情。在理想和现实之间，不幸很可能会介入进来。道德生活也不在于拥有正确的态度。我们是开朗、友善、慷慨和乐观，还是冷峻、孤僻、节俭和悲观，这是我们与生俱来的天性，因此也是我们难以控制的。所以，无论我们的脾气是好是坏，都不能恰如其分地得到赞扬或招致指责。

从道德的角度看，可以被恰当检视的是我们的意志，是我们所做和所说的事情背后的意图，因为这完全在我们作为理性行动者的控制之下。无论我们是富有还是贫穷，聪明还是愚蠢，英俊还是丑陋，快乐还是悲伤，我们每个人都可以致力于做正确的事情，只是因为它是正确的,如果成功做到了,我们就成功地过上了道德上的好生活。

但是,我们怎么知道什么是正确的呢?我们可以通过考虑哪些行为是绝对禁止或绝对要求的来了解这一点,不是因为它们在任何特定情况下的后果或结果,而仅仅是基于纯粹理性。所有这些行为都符合普遍化和尊重人格这一最基本的定言命令的检验标准。

康德的道德哲学引来了大量的评论、解释和批评。这在很大程度上表明,他的思想中有一些连他自己都没有完全意识到的复杂性。此外,康德试图描绘出一个清晰、纯粹、简单的道德概念,并为其奠定坚实的理性基础,无论这多么令人印象深刻,人们普遍认为康德的哲学是失败的。这种失败的部分原因在于这些相当具有技术性的哲学问题很难简短或简单地解释。但是,康德的失败,主要是由于他的道德生活概念的一些特点,诸如缺乏吸引力或不充分,在不太复杂的情况下就可以表现出来。事实上,对此有三种主要的反对意见。它们都与意图和结果的分离、普遍化检验,以及为义务而义务的想法有关。我们将依次考虑这些反对意见。

行为、意图与结果

康德认为,某一行为的道德价值,必然存在于实施这一行为的意志之中,或者说得更自然一点,存在于行为背后的意图之中。正如我们所看到的,这是因为人们既不能对他们无法完全控制的结果承担责任,也不能对他们无法完全控制的结果主张功绩。因人们既不能阻止也不能引致的事情,对他们大加赞扬或指责既是毫无意义的，也是错误的。"不幸的命运"或"无情的自然"（step-motherly nature）可能会使我们最好的意图化为乌有。因此，赞扬或指责必须与我们的意图相关。

许多人觉得这是一个直观上有吸引力的想法，但很难看出它能长久持存。我们可能想把道德的功过局限于行为背后的意图，但很难否认，行为及其后果也必须考虑在内。意图谋杀一个人是错误的，大概是或至少部分是因为实际地谋杀他是错误的，而我是否实际地谋杀了他则是一个后果问题。如果我要谋杀一个人，那么对我来说光是扣动扳机或插上一刀是不够的。我的受害者必须实际上因为我的所作所为而死。同样，打算救一个溺水者是值得称赞的，大概是因为救他们的行为是值得称赞的，这在一定程度上也是我的意图的实际后果。对我来说，仅仅伸手去抓他们，或者把他们拉上船是不够的；他们必须因此继续活下去。因而，我们如果要关心我们自身意图的道德品质，就必须同时考虑行为，而不能像康德的思维方式所建议的那样，对成功抱以一种漠不关心的态度。

有人可能会否认这一点，换句话说，否认行为在道德上是重要的。他们可能会声称，从道德的角度看，重要的不是我们做什么，而是我们试图做什么。这确实是一种普遍的想法。许多人认为道德的对与错无关于成事或成功，而是关涉努力和尽力。"至少你试过了"通常是作为对失败的精神补偿提出来的（"重要的是心意"表达了同样的看法）。但是，尽管人们普遍认为尝试比成功更重要，但至少可以对它提出一个重要的反对意见。这个反对意见来自这样一个事实，即真正的尝试和意图必定在行为中表现出来。当然，试图做某事和做了某事是不一样的，但它仍然是一些行为的表现。我不能被指控试图谋杀你，除非我已经成功地做出了一些行为——举枪、开火、挥刀，在你的食物中下毒。如果这些行为或其他类似的行为都没有发生，那么我试图谋杀你的说法就毫无依据了。这意味着，我们如果要谈论对"尝试"的道德评估，就必须有一些相应的行为发生。

同样，我不能声称我尝试救过一个溺水的孩子，除非我的确为此做了一些事情——伸出手，跑去拿救生圈，拉他的身体。如果你看见我一动不动地坐着，指责我对小孩的困境冷酷无情，我则很难回答说，我曾尝试救他，但"不幸的命运"或"无情的自然"干扰了我的每一次尝试，使我的良好愿望完全落空。如果我的任何尝试都没有取得任何形式的成功，我就不能合理地说我尝试做过某事。

这个论证的结论其实很简单。我们如果要对自己和他人的生活进行道德评价，那么不仅要决定我们想做的是对还是错，还要决定我们所做的是对还是错。既然做任何事（无论涉及什么）都会对世界产生一些影响，则不管影响多么微小，这种道德评价都不能不部分地与我们意图的成功有关。这意味着，不能像康德建议的那样，将成功排除在评估之外。简言之，仅仅有一个善良意志是不够的。一事无成的善良意志并不能像宝石一样闪闪发光。

普遍化检验

当然，这并没有表明意志和意图在道德上不重要，也没有表明意图无关紧要。仍然存在这样一种情况，即那些出于好意但其良好意图并非由于完全独立于其行为的原因而实现的人，应该得到道德上的赞扬。由此可见，至少有一些道德评价是基于成功之外的考虑。

正是在这里，康德对道德哲学的受到最广泛讨论的贡献，即他对定言命令的构想开始起作用。康德声称，他为我们提供了一项可以用于评估我们的行为和意图的检验，这是一项完全独立于预期结果或实际结果的检验。这就是对普遍性的检验。根据康德的观点，我们必须问问自己，我们打算做出的一种行为是否可以由每一个处境相似、理由相同的人始终如一地做出。而且，他认为，这样的检验显然排除了他那个时代的道德共识所谴责的许多行为——自杀、撒谎、浪费自己的天赋。然而，我们看到，康德自己对这一原则的阐述远不能令人信服。它们的效果不太好，这一事实本身并不能证明这个检验是一个糟糕的检验，因为它可能达成的效果比康德自己设法做到的要更好。但当我们试图更严格地应用它时，事实上，结果证明，这个检验太容易满足了。

在前一章中，我们看到存在主义的"本真性道德准则"(ethics of authenticity)——善的行为因其行为的真诚而成为善的观点——难以适应"真诚的纳粹分子"的情况。他们是那种真诚地从事公认的邪恶行为的人。我们的直觉表明，这种真诚非但没有让这些行为变好（甚至不比出于恶意做出的类似行为更好），实际上反而让它们变得更糟。事实上，当不良行为被自由地、故意地、真诚地做出时是否就会变成真正的恶，这是有争议的。

在我们可以称之为"始终如一的纳粹分子"那里，可以找到对有关意图的康德式道德准则的类似反对意见。让我们把纳粹分子描述为这样一群人：他们奉行的准则是"这个人应该被消灭，因为他是犹太人"。现在，根据康德的道德哲学，我们可以通过诉诸定言命令来检验这条准则——"只根据你能同时希望它应该成为一条普遍法则的准则行事"。我们可以向纳粹分子指出，如果犹太人被消灭是自然的一条普遍法则，那么倘若他们自己是犹太人，他们将不得不被消灭。但现在的事实是，狂热的纳粹分子被发现有犹太血统的情况时有发生。如果这些人准备进行一些特别的辩护，给出一些使他们的情况成为特例的论据，那么我们确实可以指责他们没有按照定言命令进行判断。换言之，我们可以表明，"这个人应该被消灭，因为他是犹太人"这条准则并没有实现普遍化。

但是，如果这些人是"始终如一的纳粹分子"，他们不仅承认而且积极支持这样一种观点，即如果他们被发现是犹太人，他们也必须灭亡，我们就不能以这些理由指责他们。对大多数人来说，准备好宣扬那些逻辑结论意味着毁灭你自己的政治理想，这可能是一种心理上不太可能的心态。但它在逻辑上确实是可能的，并且它显示出了一致性。然而，如果一项种族灭绝政策从道德（以及其他方面）的角度来看是严重错误的，那么在其实施中的一致性几乎没有任何益处。至于人们准备在种族灭绝计划中牺牲自己，这暴露的并非他们的道德操守，而是他们的狂热。

同样的观点也适用于康德自己列举的一个例子。回想一下那个以自己的独立为荣，既不施舍也不请求施舍的人。康德说，这样的人不太可能会希望那种陷入困境却孤立无援的情况发生在自己身上，这应该是自然的一条普遍法则。像这样一个需要帮助的人会不希望得到任何帮助，这在心理上或许不太可能（尽管我们肯定熟知一些太过骄傲而不愿接受施舍的人），但这显然不是一个逻辑上的矛盾。反对施舍行为的人——如果他们愿意的话，可以很容易地将这一严厉的信条应用到自己身上（就像应用到他人身上一样）。尽管我们可以批评他们这种相当冷酷、简直不人道的一致性，但这并没有使他们的行为有任何改善，因为这并没有使他们变得不那么无情。再一次，一致性似乎并没有使令人反感的行为更接近于我们所认可的道德对错。

来自"始终如一的纳粹分子"的反例，不仅仅是将普遍化的结果与直觉到的道德信念进行比较的问题，而且可以用来表明，当涉及在相互竞争的道德建议之间做出决定时普遍化检验是相当无能为力的。考虑这两项相互矛盾的提议："永远不要只是因为他们是犹太人就杀了他们"和"永远要因为他们是犹太人就杀了他们"。"始终如一的纳粹分子"的例子表明，其中的第二项提议，无论多么令人厌恶，都可以与定言命令的要求相一致，而且应该很明显的是，第一项提议也可以做到满足定言命令的要求。但是，如果相互矛盾的提议都能满足普遍化检验，那么这一检验就无法区分好的提议和坏的提议。简而言之，它不能告诉我们该做什么。由此可见，康德的普遍化要求并不能提供明辨是非的方法。

康德主义如何看待纳粹主义的问题不仅仅停留在理论上，而且至少在一个具体事例中出现了。汉娜·阿伦特（Hannah Arendt）在她的名著《艾希曼在耶路撒冷》（*Eichmann in Jerusalem*）中记录了对阿道夫·艾希曼（Adolf Eichmann）的审判，此人因参与屠杀数百万犹太人而最终被处决。书中展现了当他突然声称自己一生都遵循了康德的道德律时是如何让审讯官大吃一惊的。

审讯官并没有强调这一点，不过拉维法官（Judge Raveh）（出于好奇，或者是对艾希曼居然敢援引康德之名来为其罪行开脱感到愤怒）决定盘问一下被告。令所有人惊讶的是，艾希曼对定言命令给出了一个大致正确的定义："按照我对康德的理解，就是我的意志原则必须始终能够成为普遍法则。"然后他解释道，自从他因为执行"最终解决方案"而受到指控的那一刻起，他就不再按照康德原则生活了……（但是）他没能向法庭指出，在这段——用他现在自己的话说——"国家合法化犯罪的时期"，他并非简单地将康德的公式视为不再适用而加以摒弃，而是将其歪曲为：要这样行动，使你的行为原则表现得与立法者或国家法律的原则一样……可以肯定的是，康德决计不会说出这样的话……但是，艾希曼的无意歪曲也的确与他自己所谓的"小人物家庭使用"版康德公式相一致。在此版本中，康德精神剩下的仅仅是：要求一个人不仅遵守法律，还要求他超越单纯的服从，使他自己的意志与法律背后的原则——孕育法律的源头——相符。

阿伦特接着评论道：

在"最终解决方案"的执行过程中，许多极致的苦心经营（通常作为典型的德国人或者完美官僚的特征，让观察者感到震撼）都可以追溯到这个奇怪（实际上在德国却司空见惯）的观念，即守法不仅意味着遵守法律，还意味着自己要像自己所遵守的法律的立法者一样行事。

（阿伦特《艾希曼在耶路撒冷》，1994：136-137）

我们的确可以同意阿伦特的意见，即康德从未打算说任何这类的话，但这个具体事例所说明的哲学观点是，在康德的普遍化检验的逻辑中，没有任何东西可以排除这种可能性。

为义务而义务

到目前为止，我们已经看到康德将好生活等同于道德生活的观点在两个方面存在缺陷。第一，他强调道德善存在于我们尽义务的意志或意图中，而不是存在于我们行为的或好或坏的后果中，这是错误的，因为意图、行动和结果之间的完全分离是不可能的。因此，如果不考虑一个意图的至少一些后果的好坏，就不可能判断该意图的对错。这意味着，生活的道德品质不能纯粹根据意志或意图来决定。

第二，即使我们同意意图必须占据我们道德评价的很大一部分，要求我们行动所依据的理由普遍适用的想法即普遍化的要求，也并没有为我们提供一项有效的检验，来判别哪些意图是好的，哪些是坏的。人们可以始终如一地执行邪恶的行动方案，完全相反的提议也可以始终如一地基于相同的推理。由此可见，普遍化根本不是一项有效的检验。任何行动或行为方式都可以满足它，因此不能证明任何行动方案被它排除在外。

但除了这两个反对意见之外，还有第三个反对意见。康德不无道理地指出，仅仅尽自己的义务是不够的。道德要求我们仅仅因为这是我们的责任而非出于其他原因这样做。换言之，道德上的好生活并不仅仅在于依照道德对错行事，而且要因为对道德对错有明确的承诺才这样做。那些因为从来没有机会或倾向，或者因为害怕受到惩罚而不去偷窃的人，与那些因为偷窃是错误的而不去偷窃的人形成了鲜明对比。这就是所谓他们为义务而义务的意思。在康德看来，基于这个原因的行为在价值上超过了基于任何其他原因的同样行为。值得回想一下先前引用的那段话，他说：

> 尽己所能地行善是一种责任，而且，有……许多人是如此富有同情心，以至于在没有任何虚荣或自私的动机之下，他们仅从传播快乐中获得内在的满足，并为他们使之成为可能的他人的满足感到高兴。但我要说的是，无论这种行为多么尽职尽责，多么讨人喜欢，它都没有真正的道德价值。
>
> （康德《道德形而上学的奠基》，1959：14）

现在，如果道德生活是为义务而义务的生活，而人类生活的最佳形式（在最美好的意义上）就是道德生活，那么我们很快就会得出一个有些令人不快的结论：许多快乐和有吸引力的人类生活与最令人钦佩的生活相去甚远，甚至可能根本没有任何企及之处。例如，考虑一个有才华、聪明的人，他天生就倾向于用这些天赋来为他人的健康和幸福服务，他致力于发明和开发一种对身体残疾者非常有用的巧妙装置。这份工作是令人愉快的，虽然报酬不是特别高；人们乐于做很多类似的好事，但其中却没有任何"尽自己的义务"的意味。像康德那样，声称这样的生活"没有真正的道德价值"，真的有道理吗？

然而，从康德的道德观中，还可以得出一个更令人难以置信、更令人不安的结论，那就是，我们必须把高尚的道德价值赋予那些极度缺乏吸引力的生活，并因此选择它们而不是刚才所描述的那种生活。这是该理论的一个令人不快的结果，这一点可以由以下关于安东尼·特罗洛普（Anthony Trollope）在《尤斯塔斯钻石》（*The Eustace Diamonds*）中塑造的一个人物林利斯戈（Linlithgow）夫人的描绘显现出来。

　　从林利斯戈夫人的角度来说，她是一个非常强大的人。她不知道什么是恐惧，什么是仁爱，什么是怜悯，什么是爱的温柔。她没有想象力。她世故、贪婪，而且常常很残忍。不过，她的本意是真实和诚实的，虽然她常常达不到自己的目的；她对自己的人生责任有一个想法。她并不放纵自己。她像一根橡树桩一样坚硬，但她也同样值得信赖。没有人喜欢她，但是她得到了许多人的好评。

这种对幸福一无所知却一味尽自己责任的相当可怕的正直画面，很难作为我们"应该过"的生活模式打动我们。当与幸福而勤劳的生活相比时，这一点尤其如此，在这种生活中，人们做了很多好事，但责任本身很少或根本没有发挥作用。当然，康德道德哲学的捍卫者可能会使用本书其他几个地方用到过的相同论点——仅仅因为一种价值哲学与我们通常的看法相冲突就拒绝它，这不是一个好的理由；毕竟，我们对道德和好生活的看法通常可能是错误的，就像人们对健康和医学的看法经常被科学调查所纠正一样。那么，作为我们应该过的那种生活的一个范例，也许林利斯戈夫人的生活是值得钦佩的。

　　但是，与寻常思想的冲突并不是那么容易被忽略的。在这里，我们必须回到本章的开篇主题："做得对"与"过得好"。我们可以区别出"好生活"一词的两种不同含义。在一种情况下，它意味着"按我们应该的方式生活"，我们可以称之为"高尚的生活"；在另一种情况下，它意味着"按我们想要的方式生活"，我们可以称之为"幸福的生活"。正如在浮士德的故事中，我们发现有一种完全放弃德性的约束而只追求幸福的企图一样，在康德的道德哲学中，我们也发现有一种完全分离德性和幸福的关系的企图——康德认为，最重要的是过一种高尚的或道德的生活。正是这种完全分离的企图，使得建构类似林利斯戈夫人这样的生活和人物成为可能，尽管她天然地令人反感，但我们必须将其视为康德式好生活的典范。

但事实上，德性和幸福不能以这种方式完全分开。我们如果再细想一下康德思想的基础，就可以看清楚这一点。他所关心的是促使我们追求一种比幸福生活更伟大的理想，即一种配得上幸福的生活。我们可以有两种方式来考虑这个更伟大的理想。一种是，我们可能会认为，虽然幸福的生活是好的，但理所应当的幸福生活更好。我想，这是我们对成功恶人的看法的另一面——他们不配成功。按照这种思路，好生活有两个方面：德性和幸福。

康德则另辟了蹊径。他认为，有道德的生活是一种更好的生活模式，因为在某种意义上，只要我们配得上幸福，我们就不需要幸福本身。只要我们实现了最令人钦佩的生活，德性本身就是回报。这就是为什么那些不快的、无趣的人能够过上康德模式下的好生活。然而，问题来了，为什么每个人都应该渴望这样一种生活方式？换言之，怎样才能激励每个人去尝试过上依此构思出来的一种道德生活？

要想知道这个问题在境遇中有多重要，想象一个"不幸的命运"或"无情的自然"一直占据上风的世界，在那里，按照道德法则行事一准会惹灾招祸（在某些社会中，这种情况似乎普遍存在）。在这样一个世界里，德性与幸福不仅是分开的，而且是不断竞争的，人们经常面临这样的选择：是以个人痛苦为代价，为义务而义务，还是无视义务的召唤，确保自己、家人和朋友的幸福。在这样的世界里，他们应该怎么做？

　　一方面，人们显然有理由忘记义务——它将导致痛苦。另一方面（我们如果忽略之前考虑的一些反对意见，并假设康德的论证是合理的），其中存在与纯粹实践理性的冲突。但这最终意味着什么呢？它相当于：如果我违背道德法则行事，我的行为就是非理性的（即不一致的），并且在我行事所依据的推理中自相矛盾。然而，这样一来，道德法则的要求似乎就不那么具有压倒性了。尽管毫无疑问的是，保持理性并避免言行不一致、矛盾或不连贯很重要，但如果这样做的代价确定是个人的痛苦（就像我们想象的那样），那么肯定至少有同等的理由背弃纯粹实践理性。

　　康德可能会否认这里有问题。在他看来，一旦明确了我们的义务，只有那些在道德上麻木不仁的人才会不"敬畏法则"。没有任何进一步的理由可以找到或给出来为做义务要求我们做的事情辩护。但是，义务和幸福之间可能存在的冲突呢？如果义务可以要求我们牺牲我们的幸福，难道我们不需要一些根据以在两者之间做出选择吗？为了理解康德的回答，在此我们需要在其背景信念的视角中去看待他的哲学，该信念即我们的义务是目的的自然和谐的一部分，上帝通过这种和谐确保义务和幸福之间没有最终的冲突。事实上，康德认为，有关上帝存在的最佳论据源于这样一个事实，即只有在义务和幸福最终不冲突的情况下，理性行为才有可能发生，因此必须假设有一个能够并决意确保这一点的上帝。

　　这一想法将在第九章做进一步探讨。然而，大多数哲学家并没有跟随康德沿着这条神学道路前进。他们试图捍卫一种非宗教的道德观，对他们来说，问题仍然存在——我为什么要以牺牲幸福为代价来遵循义务的规定？事实上，这与我们在考察利己主义、享乐主义和幸福主义（eudaemonism）时遇到的问题正好相反。在那里我们看到，需要一个理由来说服我们放弃所有习惯上的顾虑或是非感，转而支持我们想要的或者能给我们带来快乐的东西。与此同时，在这里，我们正在寻找一个理由，以放弃我们对幸福的所有自然的关注，而服从所谓"道德法则"的要求。康德对这个问题的非神学的回答——为了道德律而服从道德律是纯粹实践理性的要求——似乎并不足以压倒有利于幸福的自然考虑。

当然，有人可能会争辩说，所有的错误都源于对"是否配得上幸福"而不是"幸福本身"的过度关注。事实上，一些哲学家认为道德主要与幸福有关。道德上的好人不是康德所描述的那种人——努力遵守一种抽象、理性的法则，正如我们所看到的，他们对人类的福祉漠不关心。相反，一个道德上的好人是那种竭尽全力为"最大多数人的最大幸福"（the greatest happiness of the greatest number of people）做贡献的人。事实上，这最后一句话是另一种同样具有影响力的道德哲学流派功利主义的口号，而它是我们下一章的主题。

拓展阅读建议

一、原始文献

大卫·休谟（David Hume）：《人性论》（*A Treatise of Human Nature*）第 2 卷第 3 部分、第 3 卷第 1 部分

伊曼努尔·康德（Immanuel Kant）：《道德形而上学的奠基》（*Foundations of the Metaphysics of Morals*）

二、评论

詹姆斯·贝利（James Baillie）：《休谟论道德》（*Hume on Morality*）

H. J. 帕顿（H. J. Paton）：《定言命令》（*The Categorical Imperative*）

三、当代讨论

克里斯蒂娜·科尔斯戈德（Christine Korsgaard）：《规范性的来源》（*The Sources of Normativity*）

菲利普·斯特拉顿-莱克（Phillip Stratton-Lake）：《康德、义务与道德价值》（*Kant，Duty and Moral Worth*）

第七章　功利主义

前一章的结论是，康德关于最好的人类生活的构想，即一个人按照纯粹因其自身而被追求的道德义务生活，遇到了严重的困难。其中三点特别重要。第一，我们在断定自己的生活过得如何好或如何坏时，似乎不可能忽视行为的成功度。第二，康德的定言命令，即我们要用来确定自己的义务究竟是什么的定言命令，是纯形式的，其结果是可以做出与之相一致的矛盾的规定。第三，道德高尚的生活与个人幸福和充实的生活之间的分离，以及强调配得上幸福而不是实际幸福，给我们留下了一个关于动机的问题。人们为什么要追求"道德的生活"呢？——如果这样做与幸福生活没有必然联系的话。

如果这些确实是"为义务而义务"的好生活观的主要问题，则可以推断，通过将幸福和我们在实现幸福方面的成就置于首位，我们会得出一种更为成功的构想。这正是康德道德理论的主要对手功利主义所做的。为了正确理解功利主义的重要性，需要对其起源进行一些说明。然后我们可以考虑它作为一种思考好与坏、对与错的方式的优点所在。

功利主义与最大幸福原则

"功利主义"（utilitarianism）这一术语在 19 世纪初首次进入人们视线时，并不是作为一种哲学学说的名称。毋宁说，它是通常赋予一群激进的英国社会改革者的特有标签，在他们的策动下许多重要的社会措施得以实施。这一术语来源于"效用"（utility）一词，意思是"有用性"（usefulness）。这群社会改革者之所以被贴上这样的标签，是因为他们将社会制度的实用性和有用性而不是它们的宗教意义或传统功能，作为评估它们的标准。但改革者关于什么是有用和实用的想法，并不总是与那些不得不生活在他们改革的制度之下的人的观点或利益一致。正是这些功利主义者在幕后推动，建立起令人生畏的济贫院制度，使之取代了旧的《伊丽莎白济贫法》（Elizabethan Poor Law），还常常迫使穷人和失业者搬进济贫院。在这项新制度之下，穷人不再像伊丽莎白女王一世时期那样留在他们自己的地方，并由市镇官员提供财政援助，而是被迫搬进大型收容所，那里一揽子提供食物、住宿和就业，因此得名"济贫院"（workhouse）。在 19 世纪早期和中期的几十年里，英格兰和威尔士的许多地方都建立了济贫院。这些措施可能比《伊丽莎白济贫法》磕磕绊绊的运作更好地服务于社会"效用"，因为它们使流浪汉远离了街头，并使福利的总成本能够控制在财政限额之下。但穷人非常害怕济贫院的景象，并且那些在许多济贫院生活过的人的痛苦和堕落——查尔斯·狄更斯（Charles Dickens）在《雾都孤儿》（Oliver Twist）中有最著名的描绘——已经成为我们关于维多利亚时代英格兰印象中不可磨灭的一部分。正是这种相当苛刻的效用观念，隐藏在"功利主义"的现代含义背后，使得它如今被定义为"只关心有用性，而不考虑美感或愉悦"[《钱伯斯词典》（Chambers Dictionary）]。

然而，当我们考虑被称为功利主义的哲学学说时，这一定义和维多利亚时代济贫院的流行图景是格格不入的，因为它主要关注的是总体幸福，而不是社会便利。事实上，这一哲学学说有点命名不当，因为它非但没有忽视快乐和幸福，而且其最基本的教义是"能带来最大幸福的行为是最好的"。这个著名的表达，通常被称为"最大幸福原则"（the Greatest Happiness Principle），它比"功利主义"这个标签早了几十年。

它首先出现在弗朗西斯·哈奇森（Francis Hutcheson）的著作中，他是爱尔兰长老会的一位牧师，后来成了苏格兰格拉斯哥大学（the University of Glasgow）的一位道德哲学教授（在那里，他作为在苏格兰第一位用英语而不是拉丁语向学生授课的教授而闻名）。哈奇森写了一篇题为《对美和美德观念之起源的探究》（Inquiry into the Original of Our Ideas of Beauty and Virtue）的论文。在这篇论文中，我们可以找到刚才引述的最大幸福原则的表述。但哈奇森在他的著作中主要关注的是其他方面，他并没有把最大幸福原则发展成一种得到全面阐述的哲学学说。事实上，尽管哈奇森提供了功利主义基本原则的第一个表述，但人们通常认为功利主义的创始人是英国法学家杰里米·边沁（Jeremy Bentham）。

杰里米·边沁

杰里米·边沁是一位非常了不起的人物。他 12 岁进入牛津大学学习，15 岁毕业。然后他学习法律，并在 19 岁时获得了律师资格。但他从未真正从事过律师工作，因为他很快就参与到英国法律体系的改革中。他发现英国的法律体系在理论和程序上既烦琐又模糊，在效果上也并不人道和公正。事实上，他的一生都在致力于争取建立一个更清晰、公正、人道的法律体系。他一生中写下了成千上万页的作品。然而，他的写作风格非常零碎，经常在一本书还没有完成之前就放弃了，即使完成了也没有在意书的出版。事实上，在他在世时刊印的为数不多的几本书中，好几本是由他的一位热情的法国追随者在法国首次出版的。结果导致边沁在持续的理论写作方面留下的作品相对较少。尽管如此，他却是当时激进政客们的主要灵感来源。他还创办了一份有影响力的杂志《威斯敏斯特评论》(*Westminster Review*)，并参与创建了伦敦大学学院，在那里，他的遗体（有一个蜡像头）至今仍然在公开展示。

与其说边沁是一位哲学家，不如说他更像是一位法律尤其是宪法理论家。他不仅研究宪法，还起草宪法，有时会有新成立的、想要成文宪法的共和国来寻求他的帮助。边沁以"效用"作为他的议案的基础。他所说"效用"的意思，并不是"不考虑愉悦性的有用性"，而是：

> 任何客体的这么一种性质，由此客体倾向于产生实惠、好

处、快乐、利益或幸福（在当前情况下所有这些实则是一回事），或倾向于防止伤害、痛苦、祸害或不快（这些实则也是一回事）的发生。

（边沁《政府片论、道德与立法原理导论》，1960：126）

边沁对后来的哲学理论产生了这样的影响：尽管在日常用语中"功利主义者"仍然意指《钱伯斯词典》所说的那样，但哲学上的功利主义者是指讲求增进快乐和幸福的人。正如边沁在《道德与立法原理导论》（Introduction to the Principles of Morals and Legislation）中告诉我们的那样，"自然将人类置于两个至高无上的主人——痛苦和快乐——的统治之下。只有它们才能指明我们应该做什么，以及决定我们将做什么"（边沁《政府片论、道德与立法原理导论》，1960：125）。因此，构建成功的即人们能够据此满意地生活的社会制度的方法，是确保这些制度能为生活在其下的人带来尽可能多的快乐和尽可能少的痛苦。如此表述出来的，当然是一种社会或政治学说，而不是一种伦理学说。然而，我们可以很容易地将同样的想法扩展到人类的行为上，并认为个人在任何情况下所做出的正确行为都是给受其影响的人带来最大的快乐和最小的痛苦。边沁本人的意思是这两者都包含在内。他接着说：

效用原则是本书的基石……所谓效用原则，是指这样一种原则：它根据必然增加或减少利益相关方之幸福的倾向，来赞成或反对任何一种行为：……我说的是无论哪一种行为；因此不仅包括个人的每一种行为，也包括政府的每一项措施。

（边沁《政府片论、道德与立法原理导论》，1960：126）

本着同样的精神，我们可以将效用原则扩展到不仅包括行为，还包括整个生命的程度上去。因此，它成了一种关于道德上的好生活的总体观点。根据这种观点，最好的人类生活将是在最大化世界上的幸福和最小化世界上的痛苦中度过的。

边沁对功利主义理论的贡献之一是详细阐述了"苦乐计算法"（hedonic calculus），这是一套区分和衡量不同种类的快乐与痛苦的系统，据此可以比较不同行为方案的后果的相对权重。他认为，通过这种方式，他为立法者、法院和个人提供了一种理性的决策方法，这种方法将取代理性上毫无根据的偏见和完全异想天开的过程。在边沁看来，政治、司法和行政决策通常都是从这些偏见和过程中产生的。

从哲学的角度来看，边沁的一些思想是相当原始的。使这一学说在哲学上更加精密的人是约翰·斯图亚特·密尔。密尔是边沁的亲密伙伴之一詹姆斯·密尔（James Mill）的儿子。在他的众多著作中，有一篇题为《功利主义》（*Utilitarianism*）的论文。正是这部短篇著作使"功利主义"成为一种哲学理论的公共术语，同时也提供了它受到最广泛讨论的版本。在这里，密尔明确赞同"效用"的一般用法与哲学用法之间的分离。

> 那些主张用"效用"来检验对错的人，他们是在一种有限的、纯粹口语化的意义上（在此意义上，效用与快乐相对立）使用"效用"一词的。对于这种无知的错误，我们只需要顺便提一下就可以了。
>
> （密尔《功利主义》，1998：54）

他指出，这是对"效用"一词的误用，这种使用不公平地诋毁了"效用理论"（theory of utility），他通过以下方式重申了效用理论。

> 接受"效用"或"最大幸福原则"作为道德基础的信条……行为的对错，与它们增进幸福或造成不幸的倾向成正比。所谓幸福，就是得到期望的快乐和没有痛苦；所谓不幸，是指痛苦和丧失快乐。
>
> （密尔《功利主义》，1998：55）

密尔希望通过他的作品将"效用"一词从其变体中拯救出来，但是，尽管他做出了努力，"效用"和"有效用的"这两个词在日常用语中仍然意味着与快乐相对立的东西，只与幸福间接相关。但是，即便哲学上的功利主义术语仍然有些专业化，然而这一学说本身在现代世界业已具有了广泛的吸引力。例如，只要粗略地浏览一下当代报纸和杂志上的大多数答读者问专栏，就会发现这些专栏的作者都假设了像"最大幸福原则"这样的真理。此外，他们显然认为这种观点不仅是正确的，而且是无可争议的。事实上，可以毫不夸张地说，功利主义已经成为当代道德思想的主要元素。许多人认为，无论是在人际关系中还是在整个世界中，对最大化幸福、最小化不幸的道德理想都不会有严肃的异议。当规定的行为似乎与快乐和痛苦无关时（例如，正统派犹太人的饮食禁忌），或者当维护与最大幸福原则背道而驰的社会规则时（例如，基督教对离婚的限制），最容易受到质疑的是那些行为或限制，而不是最大幸福原则本身。

然而，正如我们将看到的，功利主义遇到了严重的哲学难题。不过，为了充分了解这些难题的全部威力，首先有必要通过引入一些重要的区别来更全面地阐述这一学说。

利己主义、利他主义与普遍化的仁爱

边沁和密尔都将效用原则或最大幸福原则作为其道德思想的核心。密尔用快乐来定义幸福,而边沁则没有区分这两者。这种对快乐的关注可能会让人怀疑,功利主义中是否有什么新东西是在题为享乐主义的第三章中没有讨论过的。难道我们还没有明白快乐和幸福不能作为好生活的基础——因为人们可能沉溺于令人厌恶的快乐中而对幸福有着截然不同的看法?为什么这些反对意见不适用于功利主义?

诚然,在享乐主义语境下讨论过的一些相同问题,在功利主义的讨论中也出现了。如果其他人享受虐待的快乐,则我为什么不应提倡它们?这个问题和其他类似的问题将在后面一节中讨论。但就目前而言,重要的是,要看到与边沁和密尔对快乐的强调可能给人的印象相反,功利主义并不含有或赞同一种以自我为中心的生活态度。它并不特别重视个人的快乐或幸福(个人的行为是受其指导的)。事实上,边沁说,在应用这一原则时,每个人都只能算作"一个"人,没有哪个人可以算作两个或更多的人,密尔说这一准则"可能是对效用原则写下的一条备注"(密尔《功利主义》,1998:105)。这意味着,在决定我或其他任何人所做的是对还是错的时候,我不认为我的快乐和痛苦比你的更重要。我自己的快乐和痛苦,与其他人的快乐和痛苦,都要被同等精确地计算和比较。利己主义或以自我为中心(与第二章讨论的利己主义有关,但不是同一回事)可以被描述为一种把我们自己的福利放在首位的态度。相比之下，功利主义者坚持认为每个人的福利都应该被平等对待。这就确保了功利主义不是一种利己主义的学说。

但是，如果我们所说的利他主义是指应将他人利益置于自身利益之上的学说，则功利主义也不是利他的。许多人认为利他主义是道德体系的核心。毫无疑问，这在很大程度上是因为西方道德体系深受基督教的影响，在大多数基督教传统中，自我否定都被视为一种美德。可以说，基督教确实允许在关心他人的同时也关心自己（"爱邻如己"是《新约》的训诫之一）。不管怎么说，功利主义确实允许我们关心自己的福利，不过并不排斥他人。如果重要的是总体幸福，那么一个人自己的幸福就和其他人的幸福一样重要。但这已经无关紧要了。功利主义的这一特征通常被称为"普遍化的仁爱"（generalized benevolence）态度，这一术语与利他主义和利己主义都有区别。

正如我们将看到的，是否以及在什么基础上要求采取普遍化的仁爱态度，可以被证明是必要的？这仍然是一个问题。为什么我要同等对待自己的利益与他人的利益？为什么我必须同等对待所有其他人？难道我不能合理地偏袒我的孩子而不是别人的孩子？然而，在直接解决这些问题之前，还需要做出其他一些区分。

行为功利主义与规则功利主义

边沁定义的功利主义认为，给最大多数人带来最大幸福的行为是最好的（实际上，加上"最大多数"是多余的。因为，如果我们寻求最大的幸福，在量的意义上自然会有所保证）。然而，不需要太多的想象力，我们就能想到在某些特殊情况下，这一原则会纵容一些非常有问题的行为。例如，孩子们常常自发地嘲笑残疾人的特殊动作，我们教他们不要这样做，因为这会对残疾人造成伤害。但从总体幸福的角度来看，有可能我们鼓励他们笑，会同样有效，甚至更有效。假设残疾人只是少数人，那么给予大多数人的快乐，如果得到充分的控制，将完全有可能超过给少数人造成的痛苦，从而符合最大幸福原则。

这类反例可以无限地增加。假想的情况表明，严格应用最大幸福原则会与已被普遍接受的观点产生尖锐的矛盾。哲学家们设想出的一些反例是相当奇特的，但它们非常清楚地表明了同样的观点。想象一下，一个健康而孤独的流浪汉过着平凡的生活，却对公共利益毫无贡献。如果在和他同一个地方，有一位天才的音乐家需要心脏移植，一位杰出的科学家需要肝脏移植，还有一位因肾脏缺陷而生活悲惨的少年，那么任何人都会认为，达成最大多数人的最大幸福，就是毫无痛苦地杀死这个流浪汉，并用他的器官来造福其他三个人。但是，这样的行为当然是对无辜者的蓄意谋杀。因此，在某些情况下，功利主义不仅会宽恕，而且会在道德上要求故意侵犯生命权。

作为对这类反例的回应，人们通常会区分行为功利主义（act utilitarianism）和规则功利主义（rule utilitarianism）。前者（也就是边沁支持的版本）认为每个行为都必须符合最大幸福原则，后者则认为你应该按照那些最有利于最大幸福的行为规则行事。通过做出这一区分，规则功利主义者可以这样说，可能在一些情况下，虽然通常被认为令人憎恶的行为确实会对总体幸福做出更大的贡献，但它的可憎源于这样一个事实，即它违反了一条本身最有助于最大幸福的规则。谴责蓄意谋杀无辜者的理由确实是功利主义的，因为没有这样一项普遍的禁令,将大大增加人类的恐惧、痛苦和损失,从而造成不幸。此外,由于我们不能确定每一种给定行为的后果,也不能合理地花时间去评估每一种情况下的后果,因此我们必须遵循普遍规则。对于这些规则,唯一可以接受的标准是功利主义的:按照这些规则行事——如果人们普遍这样做,将带来最大的幸福。

这一对边沁基本的行为功利主义的修正是由密尔提出的。密尔认为这种与正义的明显冲突,就像流浪汉的例子所显示的那样,是功利主义的最大绊脚石。然而,他声称:

> 禁止人类相互伤害(我们决不能忘记其中包括对彼此自由的不当干涉)的道德规则对人类福祉来说比任何准则都更重要,那些准则无论多么重要,都只是指出了处理某些职责范围内人类事务的最佳方式。
>
> (密尔《功利主义》,1998:103)

根据密尔的说法,正义规则对我们所有人的幸福至关重要,因此,当其中任何一条规则被打破时,人们通常会感到愤怒。但是,尽管我们对正义和权利有着强烈而特殊的感受,但经过思考后,我们能够明白:

> 正义是某些道德要求的名称,总起来看,这些道德要求在社会效用的尺度上居于更高的地位,因此具有比其他任何道德要求都更加重要的义务性;尽管可能会出现某些特殊情况,一些其他社会义务是如此重要,以至于否决了任何一条普遍的正义准则。
>
> (密尔《功利主义》,1998:106)

规则功利主义者会说,这个版本的功利主义不容易受那种很容易用来针对不同行为功利主义者的反例的影响，因为它总是能从效用的角度解释为什么某些行为通常是被禁止的，而不管苦乐计算的更精细的衡量结果如何。它也可以解释人们对正义和非正义的强烈感受，因为关注所谓的正义对每个人的幸福都至关重要。它也可以解释为什么在极少数情况下否决司法命令可能是正确的。

在适当的时候，我们将不得不质问，行为功利主义和规则功利主义之间的区别能否以这样一种方式维持下去，从而为我们刚刚考虑的那种反对意见提供辩护。但是，在我们开始对整个功利主义学说进行全面考察之前，还有一个区别有待介绍和解释。

功利主义与后果主义

行为功利主义认为，应该直接根据行为对幸福的影响来对其做出评判。由于这似乎会导致不可接受的应用（例如牺牲流浪汉来做器官移植手术），规则功利主义者相应地修改了它，以支持这样一个原则：我们的行为应该根据规则来评判，如果遵守这些规则，将产生有利于最大幸福的后果。但这两种版本的功利主义都有两个不同的方面，它们通常被称为享乐主义和后果主义（consequentialism）。功利主义的享乐主义方面在于它关注作为评判善与恶、对与错的最终标准的快乐，这一点与以自由为中心的存在主义和把义务放在首位的康德主义形成了鲜明对比。

然而，这两种其他的学说都可以在另一个方面与功利主义形成对比，它们都不是后果主义的。也就是说，功利主义将行为的后果作为评判行为的基础，存在主义则将行为的本真性或真诚性视为赋予其价值的东西，而康德主义则将行为背后的意志或意图视为决定其道德价值的因素。

后果主义和非后果主义理论之间的区别最清楚地体现在它们对特定情况所持的不同看法上。以塞万提斯（Cervantes）笔下的著名英雄堂吉诃德（Don Quixote）为例，他以最大的热情追求最崇高的理想，但却是以一种无望的、不切实际的方式。在康德主义者看来，只要这样一个人的理想和热情是正当的，那么即便理想事实上没有实现，或者在他追求理想的道路上可能灾祸频仍，也都无关紧要；即便如此，他在道德上还是值得肯定的。或者想想像19世纪法国画家高更（Gauguin）这样的人的行为，他抛弃了妻子和家人，乘船到塔希提岛（Tahiti），去追求他作为艺术家的真正使命。对于一个存在主义者来说，他对自己的真实使我们可以忽略他的行为对他人的影响。在这两种情况下，快乐或不快乐都不是特别重要。这不仅仅是因为其他事情比快乐更重要，还因为在评判堂吉诃德或高更时，我们应该评判的不是后果，而是他们做这些事时秉持的意志或怀有的精神。在这种观点下，两种理论都与功利主义有着明显的区别。

因此，功利主义伦理学有两个重要方面：享乐主义（关注快乐和幸福）和后果主义（关注行为的后果）。而且，享乐主义和后果主义这两个方面不仅是截然不同的，甚至是各自独立的，因为二者互不关联。一种被评价的学说可以是后果主义的，而不是享乐主义的，因此也就不是功利主义的。再细想一下高更的例子。功利主义者可能会对高更予以鄙弃，因为他给他的妻子和家人带来了随之而来的痛苦和苦恼（尽管个别功利主义者可能会争辩说，从长远来看，他的绘画给人带来的快乐已经超过了他最初造成的痛苦）。但不难想象，另一个原则，虽然也是后果主义的，但关注的是一种不同类型的后果，譬如艺术的后果。某些人持奥斯卡·王尔德（Oscar Wilde）在其美国巡回演讲中曾经支持和捍卫的观点，即最好的行为是那些其后果在最大限度上保护和促进了美的行为——这种观点通常被称为"唯美主义"（aestheticism）。他们可能会认为，我们应该肯定高更，因为他的行为对艺术和美产生了好的后果。这种唯美主义是后果主义，但不是享乐主义。它最关心的是美的后果，而不是幸福的后果。

这表明，尽管功利主义是一种后果主义学说，但功利主义和后果主义并不是一回事。这就开启了两种不同类型的批评的可能性。我们可能会批评功利主义者过分关注幸福，或者批评他们只关注后果。如果任何一种批评被发现是牢靠的，这将意味着对整个学说的驳斥。特别重要的是要注意功利主义两个方面之间的这一区分，因为即使我们（和许多人一样）认为幸福的重要性不能被夸大，在一个行为的后果并不那么重要时，情况可能依然如此。这两种批评是否牢靠，是我们现在必须研究的问题。让我们从后果主义开始。

确定后果

考虑一下行为的性质。我们有时倾向于认为行为及其后果有点像将石头扔进池塘，石头引起的涟漪会向外传播，直到它们的力量耗尽，这时石头引起的效果就结束了。但在现实中，行为并非如此。它们确实影响着世界的变化。总的来说，这就是后果主义者的观点。但是一个行为的后果本身有其后果，而这些后果又有后果。后果的后果也有后果，以此无限类推。当我们加上负面后果，也就是说，当我们考虑到由于我们的行为而没有发生的事情和由于我们的行为而发生的事情时，情况就更加复杂了。我买一瓶葡萄酒的一个后果是酒馆赚了钱，但另一个后果是书店在我原本可以购买的替代东西上蒙受了损失。负面后果的增加使得我们行为后果的延伸变得不确定，这意味着很难对它们进行评估，甚至可能会使评估变得不可能，因为现在对一个行为的后果的观念根本没有清晰的认识。

要充分理解这些要点，请考虑以下示例。过去人们常说，第一次世界大战是由奥地利斐迪南大公（Austrian Archduke Ferdinand）在巴尔干小镇萨拉热窝（Balkan town of Sarajevo）的街头遇刺而引爆的。让我们忽略历史的复杂性——这可能会使我们质疑这一说法——并假定它是真的。刺杀之所以成功，是因为大公的司机出了个差错，把车开进了死胡同，不得不折返。当汽车停下来准备转弯时，刺客们得到了他们整天都在等待的一个机会。因此，如果不是司机犯下了致命的错误，斐迪南本来是可以安全回家的，但他却被枪杀了。

我们该如何评价司机转错路的行为呢？其直接的后果就是大公死了。而大公死了的后果是爆发了一场导致数百万人丧命的战争。这场战争引发了俄国革命，并最终使斯大林上台；战争以和平协议结束，在协议之下，德国受到了如此严厉的对待，以至于该协议非但没有建立持久的和平，反而成为希特勒崛起的主要成因。随着希特勒的崛起，出现了大屠杀、第二次世界大战、核武器的发展及其在广岛和长崎的使用。从功利主义的角度看，在很大程度上，这个简单的错误一定是历史上最糟糕的行为。

当然，将这一连串后果的责任归咎于大公的司机，是既骇人听闻又荒谬不已的。我们一定会想知道，如果没有司机的行为，大多数已发生的事件是否无论如何都不会发生。另一个同样自然的反应是为司机辩护，说他犯的是一个无意的错误，毕竟是凶手故意杀人。以第二种方式回应是很有启发性的。它有两个不同的部分。辩护的第一部分超越了后果，着眼于司机的意图。这是一种非常自然的反应，这一事实表明，仅仅从后果的角度来评估一个行为，与根深蒂固的思维方式是多么相悖。辩护的第二部分表明，后果链可能与责任链不同。大公遇刺无疑是司机失误的一个后果，但也许不能由此得出他应该负责的结论。司机应该为汽车停在一条岔路上负责，但决定开枪的是刺客们。为什么司机要为他们的决定承担责任呢？

这两种思路都很重要，但对后果主义的第三种反对意见认为，我们如果以这种方式无限追溯其后果，则可能很容易回溯到司机的行为之外，将其解释为他人行为的后果。为什么这一连串的后果要从他身上算起，而不是从指派他执行这项任务的上级官员算起？为什么止步于此？为什么不把这次指派看作任命上级官员的人的行为的后果呢？以此类推，无休无止。

行为评估与行为时效

后果主义者可能会对这些批评做出如下回应：我们必须区分在评估已发生行为时对其后果的诉求和在建议或指定一个未来行为方案时对其后果的预期。如果20世纪欧洲历史上最糟糕的部分确实是那个倒霉司机的错误造成的后果，那么这确实是一个可怕的错误。但这种规模的后果在当时当然是无法预见的，因而我们也就不能恰如其分地指责司机造成了这些后果。在决定转弯时，他做出了一个致命的决定，但在当时，就他而言，他的行为是正确的，因为这样的决定可能会产生好的后果。在事件发生前对后果的关注显然只能是对预期后果的关注（因为它们还没有发生），而在事件发生后对后果的关注则是对实际后果的关注。因此，尽管这听起来很奇怪，但做出一个被证明是错误的行为可能是正确的，因为这里的"错误"只是意味着无效。

后果主义者可能争辩说，我们如果注意到评估和时效之间的这种区别，就不会得到大公司机的例子被认为会揭示的荒谬或可怕的后果。我们只要清楚这是我们正在进行的一项评估，就可以只追问司机错误的实际后果，而不必考虑他对这些后果的责任。之所以把他的行为作为我们评估的起点，而不进一步回溯引发这一行为的事情，只是因为我们选择了追问这一行为而不是先前行为的后果。我们也可以很轻易地追问刺客行为的后果，并发现这些后果也很令人震惊。只要我们清楚地知道我们想要评估的是哪个行为或事件的后果，这里就不存在不确定性。

与此同时，当涉及追究人们的责任时，状况就大不相同了。如果我们设身处地地替司机着想，作为后果主义者，我们就必须决定，在当时那种情况之下，下达何种指示作为他的最佳行为会是明智的。很明显，在他犯了错误之后，应该建议他掉头，以便把大公安全地带回来。他不知道刺客们会碰巧在那一刻进入同一条街。由于预期的结果是好的，因此，即使实际的结果并非如此，他的选择也是正确的。

决定如何行动和评估我们如何行动了之间的区别，对后果主义来说显然是最重要的，因为在我们采取行动之前，我们无法知道行动的后果。因此，仅限于事后评估的学说将没有实际的应用意义。但是，我们如果不能在事件发生之前评估实际后果，那么该如何决定做什么呢？答案是，我们必须依赖于因果关系的归纳，并遵循一般规则。我们可以根据过去的经验来估计拟议的行为方案可能产生的后果，并将我们的经验总结为有用的一般行为规则。

区别行为评估和行为时效是否克服了后果主义预期要遇到的反对意见呢？第一个反对意见——任何行为都有一个无限长的后果链，使得它无法预测或评估——引出了一些关于因果关系的非常深刻和困难的哲学问题。幸运的是，我认为就目前的目的而言，我们不需要卷入这些问题中去。无论从什么角度来看，我们都可以肯定地说，开枪会伤人，而且往往会杀死他们，并经常带来痛苦和悲伤的后果。我们可能不确定一个行为的后果可以追溯到什么程度，或者更确切地说，在众多后果中，哪些与道德评估有关。然而，很明显，我们确实能够做出这类有限的判断。

或许出于实际目的，在估计后果时，总是有必要划出一条多少有些武断的界线，但我们只要能够做出一些这样的估计就可以提出这样的问题：它是否是该行为有重大影响的、意见一致的（主要的或单独的）后果？后果主义者说它是，而像康德等其他人则说它不是。他们之间的争执只有在对相关后果达成一致意见后才会产生。因此，在更绝对的意义上，估计后果的任何困难都不能解决有利于任何一方的争执。简言之，关于行为后果的概念肯定存在形而上学上的困难，但它不必困扰伦理后果主义，因为在实践中，人们对行为的相关道德后果通常会有一致意见。

然而，第二个问题就不那么容易回避了。这是一种反对意见，认为人们行为恶劣是因为他们不仅没有而且无法预见到后果的说法是不合理的。在此，我们可以回到前一章的一个例子——有人筹集资金并向世界上一些受灾地区运送急需的药品。这些药品因储存不善而遭到了污染。其后果是，那些服用了这些药品的人患上了重病，最终死亡人数比在先前没有提供药品的情况下更多。康德主义者认为，这类例子表明，后果与行为的道德价值无关。然而，后果主义者会回应说，后果与这类例子甚至更加有关。这一行为之所以值得称赞，是因为它旨在防止痛苦、增进健康和幸福，也就是说，这一行为可能会产生好的后果。当然，人们仅仅怀有好意是不够的；实际上，他们必须出于对可能后果的精确估计。后果主义者认为，这种行为原则之所以值得称赞，是因为这一事实——除特殊情形外，根据预期的良好后果采取行动，通常会产生实际的良好后果。

后果主义与自发性

但是，这一回应引出了一个更大的困难，哲学家们通常称之为"自发性问题"（the problem of spontaneity）。通常人们尝试去预测他们行为的后果，这本身就有助于导致好的后果，这是真的吗？以儿童掉进池塘或河里为例。如果潜在的救援人员停下来全面分析和估计任何救援尝试的后果，在大多数情况下，孩子们都会淹死。同样，在飞机失事或地震的情况下，在考虑救援后果上花费时间很可能会增加死亡人数。在这些状况下，如果要挽救更多的生命，那么需要的是救援人员的自发性，是自发行动而非停下来思考的意愿。当然，自发的行为并不总能带来最好的后果。我可能把一个人从死亡中拯救出来，但也因此使他们过上了充满痛苦和不幸的生活。或者我可能无意间从火焰中救出一个未来的希特勒。而如果停下来估计一下，我可能早就预料到了这些后果。这表明，有时估计后果是有用的。问题在于，我们无法事先知道这些情况，因此我们不试图去估计我们行为的后果，反而能更好地服务于总体利益。

这是一个奇怪的结论。虽然回想起来，一个行为的道德品质是根据其后果来评估的，但在做出该行为时，重要的是未经思考的信念——它是应该做出的行为。如果人们不加批判地认为，你应该不计后果地努力拯救生命，就会有更多的生命得到拯救，那么这样看来，后果主义学说（为了带来最好的后果而行动）作为行为指南是毫无价值的。换言之，如果关于自发性所说的这些是正确的，那么认为"最终重要的是行为后果"这一信念，就会要求我们不要奉行后果主义。

我们如果将这条推理路线从一般的后果主义延伸到具体的功利主义，那么必须得出结论，对最大幸福原则的信念要求我们至少在某些时候不要奉行功利主义。最大幸福并不总由那些花时间和精力在苦乐计算上的人来提供，有时也会由那些自发地遵循自己最好本能的人来提供。

行为与规则

在这一点上，功利主义者会忍不住回应说，在对后果主义的整个讨论中，行为功利主义和规则功利主义之间的关键区别被忽视了。我们还记得，行为功利主义者认为，我们做出的每一个行为都应该是为了使幸福最大化，而规则功利主义者则认为，我们的行为应该由一些规则决定，如果这些规则得到普遍遵守，就会带来最大幸福。因此，规则功利主义者可能会说：的确，人们不应该在每一个场合都停下来思考自己行为的后果。一方面，我们并不总能准确地估计自己行为的后果；另一方面，总体的福利和幸福往往需要人们自发行动，并受自己本能的引导。但所有这些都表明，人们应该遵循行为规则，而且应该经常以一种完全不经思考和本能的方式来遵循规则。只不过，他们应该遵循的是功利主义的规则，这些规则是根据最有利于所有人的福利和幸福而制定的。

现在应该很明显，行为功利主义和规则功利主义之间的区别非常重要，因为它被要求提供回应两个严重反对意见的手段。对于"功利主义太容易用来为使用不公正的手段达到功利目的辩护"这一反对意见（我们的例子是杀害一个流浪汉以向他人提供重要的移植器官），规则功利主义者（如密尔）回应说，这种反例所呼求的规则和强烈的正义感本身可以用最大幸福原则来解释。

对于"如果我们的每一个行为都以最大幸福原则为指导，那将是一件坏事"这一反对意见，规则功利主义者回应说，我们的行为应以遵守规则为指导，而这些规则本身可以通过诉诸最大幸福原则来证明是合理的。

因此，很明显，这很大程度上取决于功利主义的规则样式。然而，一些哲学家认为，行为功利主义和规则功利主义之间的区别，最终并不能为引入它的目的提供支持。他们是这样论证的，以"永远不要惩罚无辜者"这一规则为例。对许多人来说，这似乎是正义的一个基本原则，但从功利主义的角度来看，这一规则的效力，无论我们是否称之为正义规则，都源于它与社会效用的重要联系。如果执法者认为这一规则不可侵犯，那么社会上最大多数人的最大幸福将得到最好的保障。现在考虑一种很常见的反例。

在一个边陲小镇，有三个孩子被绑架、性侵、虐待和谋杀。公众强烈要求当地治安官找出凶手。随着时间的推移，没有人被逮捕，公众的恐慌加剧，骚乱蔓延，对法律和秩序力量的信心减弱。这时，一个人因不利于他的旁证而被逮捕了，而人们普遍认为真凶已经找到了。警长很清楚，他逮捕的这个人是无辜的，应该被释放，但怒不可遏的民众已聚集在一起，威胁要拆毁监狱，除非嫌疑人被审判、处决或移交给他们。目前不可能进行公正的审判，而在治安官看来，如果他试图抵制愤怒民众的要求，就可能会造成严重的公共骚乱、相当大的破坏和伤害。他应该处决一个他知道是无辜的人，还是把这个人交给愤怒的民众？

大多数人会承认这是一个现实的两难困境，它的想象性质也不会误导我们。这种困境在现代世界很常见，下面这类情况我们再熟悉不过了：恐怖分子劫持了无辜的人质，并准备引爆一枚炸弹，它将造成数百人死伤。阻止他们的唯一方法就是摧毁他们的总部，但会导致人质被杀。在这种情况下，我们都会很轻易地说"哪怕天崩地裂，也要伸张正义"（Fiat justitia, ruat caelum），直到天真的要塌下来时。然而，这里令人感兴趣的不是如何解决这样的困境，而是如何分析它们。认定正义不能归结为效用甚至不能用效用来解释的非功利主义者会认为，我们所面临的是总体福利和无辜者权利之间的直接冲突，简言之，就是效用和正义之间的冲突。正是这一冲突使这些情况陷入困境。

与之形成鲜明对比的是，一个行为功利主义者会认为其中根本不存在任何两难因素。如果总体利益超过个人损失的盈余得到了准确的说明，那么我们就应该牺牲无辜者，这一点再清楚不过了。从行为功利主义的角度来看，这些情况原则上与任何其他关于好后果和坏后果的计算没有什么不同，如果好后果大于坏后果，那么我们的行为就没有错。没有什么要为之苦恼的两难困境。

几乎没有人会接受这种观点，因此人们倾向于拒绝行为功利主义。密尔和后来的规则功利主义者希望预先阻止的正是基于这类理由的拒绝。据他们称，诉诸道德规则，可以解释为什么我们认为在这种情况下存在两难困境，以及我们将如何解决它。他们主张，如果在这些特殊情形下杀害无辜者，尽管我们的行为可能是为了最佳结果，但我们仍然违反了一条坚定的规则，它维系了人们深厚的感情。这一规则本身就是以对效用的考虑为基础的。以下是密尔对它的描述，他在谈到涉及无辜当事人权利的情况时说道：

> 拥有一项权利……就是……拥有社会应该保护我所拥有的某种东西。如果反对者进一步问我为什么社会应该这么做？除了总效用之外，我不能给他别的理由。如果"总效用"这种表达似乎没有传达出对义务力量的充分感受，也没有说明这种感受的特别力量，那是因为构成这种情绪的不仅有理性的因素，而且也有情欲的因素，即对报复的渴望；这种渴望的强度以及它的道德合理性，都来自其所涉及的这种极其重要和令人印象深刻的效用。

（密尔《功利主义》，1998：98）

因此，密尔将类似愤怒民众和无辜人质这样的情况解释为对效用的理性计算与对规则"情欲上的"深刻依恋之间的冲突，而一般来说，规则本身与效用密切相关。但这种说法留下了一个悬而未决的重要问题。为什么我们要有"永远不要惩罚无辜者"的规则？密尔的回答是，这条规则总体上有益于社会效用。但很明显，正如边陲小镇治安官的困境所表明的那样，它并不总是有益于社会效用。从社会效用的角度来看，以下规则将更有益于社会效用："除非需要借以避免严重的社会冲突，否则永远不要惩罚无辜者"。这一规则与该具体情况之间并没有冲突，因为这一更具体的规则允许将无辜者移交给愤怒民众。

要是这样的话，我们就可以得出一个非常重要的结论。规则功利主义的全部要点在于，它标榜为给不可接受的行为功利主义提供了一种替代方案，但现在我们已经看到，它并没有真正做到这一点。面对类似这些我们一直在考虑的情况，行为功利主义者无法解释为什么我们认为其中存在两难困境，但规则功利主义者却可以。他们可能会声称，之所以出现这种困境，是因为特定情况下效用所要求的与管控这种情况的正常社会规则的要求之间存在冲突。然而，我们刚刚已经看到，只要考虑到这些特殊情形而对规则进行精心改进，换句话说，通过提出一个不同的规则，任何此类冲突都可以很容易地消除。由此可见，按照规则功利主义对问题的说明，其中也不存在真正的两难困境。因此，规则功利主义并没有提供比行为功利主义更多的解释。用哲学语言来说，行为功利主义和规则功利主义是共延的（co-extensive）。

小结：目的证明手段正当？

我们之前看到，功利主义是一种后果主义学说。根据这种学说，从道德的角度看，重要的是行为后果。虽然功利主义的主张不止于此，但其后果主义的这一面引发了重要的问题和困难。在前几节中，我们已经详细探讨了这些困难，而它们可以归结为这个古老的问题：目的能证明手段正当吗？如果一个行为有好的后果，无论实施它的意图是什么或者它的行为类型如何，它就总是正当的吗？后果主义者可能会在将什么样的后果视为好的后果问题上存在分歧，但他们必然会在这一点上达成一致：既然重要的是后果，所以目的确实证明了手段的正当。而我们已考虑过的论据表明这是错误的。

  首先，我们不能精确地谈论一个行为的后果。我们即使同意将什么视为一个行为的相关后果，也不能简单地通过顺着后果链来解释责任，我们还需要考虑目标和意图。其次，有时一味追求好的结果似乎要求我们采取与我们的正义感背道而驰的行动方案。在这些情况下，我们至少需要一个对我们所感受到的两难困境的解释。行为功利主义认为每个个体行为的后果都是重要的，像这样的理论给不出解释，它充其量只解释了为什么我们认为存在两难困境而实际上根本没有。这正是规则功利主义所要克服的反对意见。而上一节的讨论表明，它并没有成功地做到这一点。我们如果只关注后果的效用，那么将总有理由选择一条允许而不是禁止这些令人反感的行为的规则。

  大多数人都觉得这些对一般的后果主义尤其是功利主义的反对意见是很有说服力的。然而，应该认识到，它们并不是决定性的。就像我们遇到的对其他理论的一些反对意见一样，它们依赖于与广泛持有的观点的冲突。为了保持一致，我们如果要坚持关于责任、正义等的共同观点，就必须拒绝后果主义。而我们可以同样一致地坚持后果主义，拒绝普遍持有的观点。这并不一定意味着我们可以坚持功利主义，因为它还有另一个方面尚待考虑，即享乐主义方面。我们现在就转向对功利主义这第二个方面的考察。

幸福的本质

　　几乎自功利主义首次出现以来，哲学家们就一直在想，它如此倚重的幸福观能否做到足够清晰和准确，以完成最大幸福原则所要求的工作。在我看来，这些批评中有许多回答起来相当容易，有些则不那么容易，有些则可能根本回答不了。我们最好依次考虑这些批评。

　　面对最大幸福原则，人们常常想知道幸福到底是什么。边沁和密尔在这一点上都没有提供多大帮助，因为他们都把幸福等同于快乐，正如我们之前看到的，亚里士多德令人信服地证明了这是一个错误。但是，这两位作者的观点中存在某些混淆，这一事实不应使我们得出这样的结论，即我们自己无法弄清楚我们所说的幸福是什么意思。实际上，把功利主义应用到日常生活中，并不真的需要对幸福有一个明确的解释。如果我们能够识别出我们自己和他人身上的幸福和不幸福，并能够区分出应对困难的幸福和不幸福的解决方案，以及具有不同优点或缺点的解决方案，这就足够了。例如，我们通常可以区分幸福和不幸福的婚姻。当一段婚姻不幸福时，离婚的问题就经常出现。在这种情况下，人们常说幸福比遵守婚姻誓言更重要。这样的说法可以轻易地提出，这一事实证明，即使没有对幸福是什么的一般解释，幸福也可以进入道德考量范围内。

　　有时有人认为，没有任何一件事，可以让我们给它贴上"幸福"的标签。不同的活动和生活方式吸引着不同的人，让一个人幸福的事情可能会让另一个人痛苦。因此，试图确保别人的幸福很容易出错，并且，一般来说，为幸福而努力是不可能的。这样一来，不同人在什么使他们幸福方面有所不同的说法显然是正确的。一位女性可能对在家里被孩子们围绕着感到最幸福；而对另一位女性来说，同样的生活方式无异于令人窒息的囚禁，迈克尔·坎宁安（Michael Cunningham）的小说《时时刻刻》（*The Hours*，后来被拍成了一部同名电影并获奖）探讨了这个主题。因此，这并不能增进幸福。作为家庭生活是个人幸福最大来源的一位女性，很容易理解并非所有人都是这样。她可以把增进幸福视为极其重要的事情，同时也承认，这并不意味着把使她幸福的生活方式规定为其他所有女性的幸福之路。事实上，她可能会明确反对任何将她作为妻子和母亲的理想典范强加于人的社会习俗，正是因为这会使太多的女性不幸福。

这些差异是真实存在的，但并没有削弱我们区分幸福与不幸福的能力，因此也没有削弱我们根据最大幸福原则行事的能力。此外，值得提醒我们自己的是（正如密尔所观察到的），尽管存在这些差异，但总的来说，在有助于人类幸福的事情中，也存在着相当广泛的共性。大体上，疾病、伤害、丧亲之痛、敌意和不安全感是通往幸福的障碍，任何人都会发现它们很难克服。由此可见，尽管个人的利益和偏好确实不同，但在实际考虑中，至少有一些是我们可以遵循以增进幸福的一般准则。

衡量幸福

无论是缺乏对幸福构成要素的一般解释，还是使人幸福的要素存在差异的问题，都没有给功利主义带来实质性的困难。但是批评家可以指出，功利主义需要的不仅仅是当我们看到幸福时识别它的一种能力。该理论还要求它是可衡量的。认同我们可以很容易地分辨幸福和不幸福的人，很可能会否认我们可以量化幸福。然而，如果我们要应用最大幸福原则，则这是我们必须能够做到的。我们如果要实现最大的幸福，那么必须有某种方法来估计和汇总每个人将会在不同的行为方案中获得的幸福。

在边沁的思想中，衡量幸福或快乐（对他来说，幸福和快乐是一回事）的想法占有重要地位。正如我们之前看到的，他努力想出了后来被称为"苦乐计算法"的东西，即用以衡量快乐的一张清单。在《道德与立法原理导论》的第五章，他根据强度、持续时间等区分了不同的快乐源，并建议了如何对这些快乐源进行重要性排序。我们在这里不会审查他规划的细节。值得注意的一点是，尽管后来它被冠以"苦乐计算法"（这个名字可能被认为暗示了相反的情况），但实际上其中并没有任何数值计算。事实上，边沁根本不使用数字，而只是做出比较判断。

诚然，后来的功利主义者确实使用了数字，特别是那些将功利主义概念和思想引入经济学的人。事实上，其中的佼佼者之一英国经济学家威廉姆·杰文斯（William Jevons）的主要成就，就是将数学技术引入经济理论，而其影响之一就是用图表体现人际比较的实践。经济学家使用的术语不是"快乐"或"幸福"，而是"效用"，正是这个术语一直沿用了下来。如今，经济学家仍在谈论"边际效用曲线"（marginal utility curves）。他们在这方面所说的是否与最大幸福原则有很大关系，仍是有争议的，但毫无疑问，他们需要可衡量的数量，以便以他们的方式进行理论说明。然而，对于许多对之前的反对意见不以为然的人来说，认为人类的幸福可以相加并在图表上表示，这确实有些荒谬！

但人们很容易误解数字在这里的真正作用。没有一位严肃的哲学家或经济学家认为，快乐或幸福可以像糖、降雨或地震那样来衡量。也没有人认为我们可以设计出一种衡量仪器。边沁的想法是，不同的快乐能够以显示它们的相对重要性的方式进行比较，而这个想法一点也不荒谬。这样的比较每天都在进行，例如，零花钱有限的孩子们，不得不决定购买什么东西才会让他们更满足；假期即将结束的游客们，不得不决定哪趟旅行会更愉快，或者任何人都可能在去电影院或在家过夜之间不得不做出选择。一般来说，人类必须在许多不同的情况下比较快乐，这不仅是为自己，也是为他人。在为你的生日选择一个惊喜时，我将不得不去决定在众多选择中哪一个会带给你更多快乐。与边沁不同的是，即使我们区分了快乐和幸福，我们仍然发现，对幸福的程度进行比较是我们一直在做的事情。家长们可能不得不决定孩子在哪所学校就读会更幸福。孩子们可能不得不决定年迈的父母住进养老院是否会让所有相关各方都更幸福。

现在，如果能够（而且有规律地）进行这样的比较，那么就没有理由不使用数字来表示它们。假设我有三个可供选择的行动方案，并试着估计在每种情况下对每个人的幸福会产生什么影响。我认为，方案 A 会比方案 B 带来更多的不幸，方案 B 则会比方案 C 带来更多的不幸。我由此对行动方案进行了排序。但我也可能认为，方案 A 会比方案 C 带给人们多得多的不幸，而相比方案 C，方案 B 只会带给他们稍微多一点的不幸。现在，我可以用数值的形式来表示这个判断，比如对方案 A 赋值为 -10，对方案 B 赋值为 $+7$，对方案 C 赋值为 +10。

以这种方式来表示状态，可能有助于使我和其他人更清楚地做出比较判断。当然，在使用了数值之后，我由此能否使用正常范围的数学技术，如加、减、乘、除等等，这可能仍然令人怀疑。但需要强调的重点是，比较判断是可以做出的，而且可以用数字来表现。这就是需要用"衡量幸福"这个短语来表示的全部意思，如果是这样的话，那么另一个聚焦于功利主义的享乐主义一面的标准反对意见就落空了。

分配幸福

现在我们来谈谈对功利主义的三个反对意见，它们和迄今一直在讨论的两种批评一样是老生常谈，只不过更难回应。其中的第一个与分配有关。最大幸福原则告诉我们，我们所做出的每一个行为都应该增进受其影响的人的最大幸福。现在，让我们暂且接受这个提议。然而，关于任何行为，在决定做什么时，仍有一个问题有待解决：我创造的幸福将如何分配？

这个问题的重要性在牛津大学哲学家德里克·帕菲特（Derek Parfit）提出的著名情境中得到了生动诠释，即人口增长与经济繁荣的关联性。有时，一些政府，尤其是较贫穷国家的政府，在所谓"人口控制"中采取了积极措施。由于相信在人口众多且不断增加的情况下，每个人最终不可避免地会获得更少的国民生产总值份额，因此农民经常被鼓励（有时甚至被强迫）组建比他们自然选择而成的更小家庭。总的来说，这类政策的逻辑依据是某种版本的最大幸福原则——增进最大公共福利，其理念是，尽管拥有一个大家庭可能对个人有益，但由此产生的人口增长将导致整个家庭更大的经济痛苦。因此，为了所有人的更大幸福，个人的选择必须受到限制。

作为这项政策核心的经验主义信念——更多的人不可避免地导致人更贫穷——是非常值得怀疑的。毕竟，人们，甚至儿童，不仅是经济资源的消费者，也是经济资源的生产者，所有发达国家都在比过去更加繁荣的同时，拥有更多的人口。但是，尽管有这些需要重视的疑惑，我们仍假定它是真的。而这里的相关问题是，如果它是真的，这是否就暗示了（结合最大幸福原则）政府参与人口控制是正确的。

现在，尽管我们直觉到这与普遍接受的观点相悖，但这并不是功利主义可以证明的可能影响，因为最大幸福原则只关心总体幸福，而对幸福（或福利）应该如何分配丝毫无涉。从最大幸福的角度来看，数百万人生活在勉强维持生计的水平上，这一状况与极少数人生活相对奢侈的状况是同样可取的。数字的使用有助于我们非常清楚地表达这一点。想象一下，一个拥有 1 亿人口的族群，每人的平均年收入为 1 000 美元（为了方便举例，让我们假设收入是衡量幸福或福利的标准）。因此，一年的福利总额可以计为 1 000 亿美元。现在设想一个人口少得多的族群，比如 100 万人，每个人的年收入都是 10 万美元，一年的福利总额也是 1 000 亿美元。如果我们要在创建其中任一族群之间做出选择，那么最大幸福原则不会使我们有理由选择第二个而不是第一个。更引人注目的是，如果我们想象在第二个族群中每个人的收入降至 8 万美元，那么最大幸福原则现在就给了我们选择由低收入者构成的更大族群的理由。

对于这个反对意见，功利主义者可能会回应说，只有我们假设最大幸福原则所关注的是总体幸福,这个论证才有效,而这个原则本身并没有任何内容要求这一点,我们可以从平均幸福的角度来解释它。如果我们这样做,这个关于不同族群的奇怪结论就不成立了。我们有理由选择一个平均幸福更高而非总体幸福更高的社会,就像上面描述的第二个族群一样。

这种从总体幸福到平均幸福的转变确实克服了关于分配幸福的第一个反对意见。但它并没有克服所有这类反对意见,因为一个族群中的平均幸福仍然是在没有参考族群内部的分配情况下计算出来的。这意味着最大幸福原则对看似非常重要的一个问题漠不关心。让我们再次假设收入是福利的真实反映。一个社会的平均收入可能是 8 万美元,但这个社会中许多人的收入低于 1 000 美元。在另一个社会,平均收入也可能是 8 万美元,而没有人的收入低于 4 万美元。前者是一个既有巨大财富也有巨大贫困的社会,后者是一个没有贫穷然而也没有巨大财富的社会。许多人会认为,如果要从这些社会中选择一个,那么我们有理由选择后者。也许这是一个有待讨论的问题。这里要强调的是,在这场讨论中,功利主义是失语的。由于分配问题似乎很重要,它在这一点上的失语可能被视为一个严重的缺陷。

我们一直在考虑的例子多与社会和族群有关,但不难看出,当功利主义在一个更个人化的语境下被援引时,同样的问题也会出现。我们可以很容易想象这样一个家庭——其中受宠爱的孩子的幸福优先于其他孩子的幸福,并将其与每个孩子或多或少受到了平等对待的家庭进行比较。然而,结果可能是,两个家庭的总体幸福和平均幸福是一样的。如果是这样的话,大多数人会认为有理由选择后者,但功利主义在这一点上却没有什么好说的。常识告诉我们,在这种情况下，肯定还有其他东西有待澄清，加之功利主义对此又没有什么要说的，这一事实似乎表明，功利主义专注于幸福是一个错误。无论是总体幸福还是平均幸福都不能说明问题的全部。分配的公平性也必须考虑在内。这一结论把我们引向了第二个反对意见——幸福并不是我们应该关注的唯一的甚至不是首要的价值。

密尔的"证明"与偏好功利主义

为什么我们要像功利主义那样，认为幸福是终极价值呢？这是约翰·斯图亚特·密尔在《功利主义》第四章中明确提出的一个问题，在那里他试图给出他对效用原则的一个所谓的证明。他为这个"证明"所做的开篇陈述是非常有名的。

> 功利主义学说主张，作为目的的幸福，不仅是可欲的，而且是唯一可欲的东西；而所有其他的东西仅仅在作为达到这个目的的手段时才是可欲的。为了使人们相信功利主义的主张，这一学说应当具备什么东西，或者说这一学说应该满足哪些必要条件？

> 对于"一个物体是可看见的"能够给出的唯一证明，就是人们实际看到了它。对于"一个声音是可听见的"的唯一证明是人们听到了它，关于其他经验来源的证明也是如此。类似地，依我看，对"任何东西是可欲的"可能出示的唯一证据，就是人们确实在实际上欲求它。如果功利主义学说向自己提出的目的，在理论上和实践中都不被承认是目的，那就没有什么能使任何人相信它是一个目的。除非每个人都在相信幸福是可

以实现的前提下欲求自己的幸福，否则就没有任何理由能够说明总体幸福为什么是可欲的。然而，既然这是一个事实，那么我们就不仅有了合适的证据，而且有了一切可能需要的证据来证明，幸福是个好东西：一个人的幸福对他自己来说是个好东西，因而，总体幸福对所有人的集合体来说也是个好东西。

（密尔《功利主义》，1998：98）

密尔的这一论证已被广泛讨论过。一些哲学家认为，它错误地利用了"可欲的"（desirable）这个词的模糊性。"可见的"（visible）这个词仅意味着"能够被看到"（able to be seen），而"可欲的"可以同时意味着"能够被欲求"（able to be desired）和"值得被欲求"（worthy to be desired）。我们一旦注意到这种模糊性，就可以看到，某样东西被欲求这一事实证明了它能够被欲求，但并没有证明它值得被欲求。其他哲学家认为，尽管这是一种可能存在的模糊性，但它在密尔的论证中没有发挥任何作用。他们认为密尔的意思是，某样东西值得被欲求的唯一证据是人们发现它值得被欲求，而幸福是值得被欲求的这一主张有大量的这类证据。

对密尔论证的解释未有定论，这一事实使得任何支持或反对功利主义的论证都不太令人满意，因为这仅仅取决于对它的解读是以其中何种方式展开的。因此，我们将更妥善地考虑这个证明的相关含义，考虑密尔自己所考虑的含义，看看这些含义能否导向一个更明确的结论。在这些含义中，有一个源自我们的观察：即使我们接受密尔的论证作为幸福价值的证明，其中也没有任何东西表明幸福是唯一的价值。然而，这一缺陷是有重大影响的，因为除了幸福之外，显然还有许多东西被人们珍视为目的，也就是说，为了它们本身的缘故，而不仅仅是作为达到别的目的的手段。

密尔的回应承认这是事实，但他声称，我们看重任何东西都是为了它本身，而不是将其作为一种手段，我们珍视其为幸福的组成部分。例如，在学习音乐之后，因为我们从中获得了快乐，我们便开始为了音乐本身的缘故而珍视它。音乐成为对我们而言的幸福的一部分。然而，这一回应充满了困难。密尔本人提供了一个例子，将这些困难凸显了出来：金钱是有价值的，因为它是获得幸福的一种手段，但有时人们会因为金钱本身而爱上金钱。在过去，人们追求金钱仅仅因为它是获得幸福的手段；而现在，富有已经成为对他们而言的幸福的一部分。密尔的主张大致如此。但如果我们进一步思考这个问题，这个分析就会变得非常含糊不清。他的观点似乎是，当金钱作为一种手段被珍视时，它的价值在于它能买到的东西，而当它是幸福的组成部分时，它的价值在于它本身。假设我花钱买了一辆昂贵而时髦的汽车。拥有这辆车让我很快乐。或者假设，作为一个守财奴，我留着这笔钱。在这种情况下，拥有这笔钱本身使我感到快乐。在这两种情况下，拥有某种东西都使我感到快乐。在第一种情况下，无论我们说拥有汽车是我获得幸福的一种手段还是说是我幸福的一部分，似乎都是一个无关紧要的问题。同样，在第二种情况下，无论我们说拥有金钱是我获得幸福的一种手段还是说是我幸福的一部分，似乎也无关紧要。不管怎样，车或钱本身都没有价值，它之所以有价值，仅仅是因为它使我快乐。

由此看来，密尔所做的区别根本就不是区别。实际上，除了幸福之外，他并没有设法将因自身而受到珍视的其他价值纳入他的思考方案中。如果我们坚持认为存在这样的价值，那么幸福的至高无上就没有显现出来。但是，即使密尔对"……的手段"（means to）

和"……的部分"（part of）所做的区别是个不错的区分，仍存在进一步的难题。因自身而受到珍视的其他事物看起来会与幸福相冲突，似乎没有理由认为我们一定更喜欢后者。

哲学家们熟悉的一个例子是临终承诺。假设我郑重而真诚地向一个将死之人承诺，一旦他死了，我将澄清事实，（比如说）告诉他的妻子和家人，他与朋友和同事的妻子之间有无数秘密的不忠行为。一旦他死了，他并不会因为我没有遵守诺言而感到痛苦或苦恼（让我们忽略死后生活的复杂情况）。相反，我若遵守诺言，他的妻子、家人以及以前的情人则都将面临痛苦和尴尬。幸福原则要求我违背对临终者的承诺。然而，我可能会觉得，忠于那个承诺以及总体上忠于真实，比幸福更重要。与此同时，密尔会说什么呢？

他所说的（尽管与这个具体的例子无关）是，我渴望说出真相，因为这样做会让我感到最快乐。但实情并非必定如此。揭露死者罪过的行为也许让我深感痛苦，尤其是因为我以前对他的仰慕。在此论证中的这一点上，密尔似乎在说，如果我渴望说出真相，那么这对我来说一定是最快乐的过程，因为"把一个对象看作是可欲的（除非是为了它的后果），和把它看作是令人愉快的，是一回事"（密尔《功利主义》，1998：85）。当然，这是他的一个武断的主张。而它所引出的问题以及拒绝它的理由，已经在前面的章节中讨论过了，所以我们不需要在这里对它们进行详尽阐述。可以得出的结论是，密尔并没有成功地"证明"幸福价值的至高无上。

一些哲学家已经认识到证明幸福的至高价值的困难，尽管如此，他们还是想坚持功利主义的总体结构。他们承认密尔关于欲望和快乐的等式是没有根据的，他们表示我们可以用欲望满足或偏好而不是幸福来表达整个学说——正确的行为是导致最大量的欲望满足的行为。这个版本的功利主义——通常被称为"偏好功利主义"(preference utilitarianism)，也已经得到了广泛讨论，并引出了许多有趣的问题。但在这里，限于篇幅，我只能提到其中一个。如果从幸福转变到欲望满足解决了任何问题，那么它也造成了这些问题：说幸福是一种价值似乎是对的，因此创造幸福是一件好事。问题是，它是否是唯一的价值，或者是否是最高的价值？而并不明显的是，欲望满足本身就是一种价值——因为有些欲望是坏的。如果一个女孩想睡觉，而一个与他自己良善本性背道而驰，也因此与他的幸福背道而驰的男人，有强烈的强奸某人的欲望，此时，我把这个女孩带到他面前，给她下足药，让她意识不到自己被强奸了，从而最大限度地满足这个男人的欲望。这样做，毫无疑问是不对的，即使标榜它至少最大限度地满足了欲望，也无法为其开脱罪责。

动机与无限度的道德准则

前一节的结论是，密尔对幸福价值的至高无上的证明是无效的，它也不能通过诉诸更抽象的"偏好满足"(preference satisfaction)概念来拯救。但即使它得到了拯救，仍有第三个也是最后一个反对功利主义的理由需要考虑。

我们已经看到，功利主义的两面——后果主义和享乐主义，都带来了困难。尽管我们花了一些时间来适当地探讨这些问题，但其实这两组困难可以用类似的方式来进行概括。只专注于后果和幸福的尝试失败了，因为除了后果之外，其他事项也很重要，且幸福不是唯一的价值。但为了方便讨论，让我们假设，从道德的角度来看，所有人的满意表明了正确的行为是其后果能带来最大幸福的行为。对此，我们仍然可以追问我们为什么要追求道德，而这个问题的更常见形式是："我为什么要有道德？"

对某些人来说，这似乎是一个奇怪的问题。与功利主义比较着考虑，它与成为真正的功利主义只有一步之遥。这是因为，不难表明，顺着功利主义路线构想的道德生活对我们提出了要求，一些我们完全有理由加以抵制的要求。这些要求源于它的无边际性。这种无边际性有两个方面：第一，在功利主义内部，道德问题和道德要求是持续不断的。第二，如果幸福是最重要的，那么谁的幸福就无关紧要了。让我们依次考虑这几点。

大多数人认为道德问题是间发性的。也就是说，我们毫无疑问是在法律和礼仪的框架内继续着我们的日常生活，而大体上没有道德问题。道德问题确实会出现，而且有时它们的出现甚至非常突兀。道德问题是特殊的问题，当我们面对它们时，它们往往使我们感受到一定程度的痛苦。"我晚餐应该吃什么？"这（在正常情况下）不是一个道德问题，尽管它要求我做出选择，但如果认为选择涉及心灵探索方面的任何事情，那就太荒谬了。简而言之，道德问题是偶尔出现的。

这种关于道德的位置和性质的观点可能是正确的，也可能是不正确的。然而，它与功利主义的道德观是不相容的。因为在我醒时的生活中，我可能每时每刻都在从事有助于最大幸福的活动，我也不断面临道德问题。对于我在家里、在工作中、在娱乐时的一举一动，我都可以且必须问自己——我做得对吗？在功利主义主导体制之下，"我晚餐应该吃什么"这个问题每次出现都是一个道德问题。

这似乎引向了一种非常苛刻的生活。

当然，功利主义者总是可以说，这种将道德视为偶然的普遍观点是错误的，道德问题确实是不断出现的，确切来说，如果生活要以功利主义原则为指导，这种反驳无疑是正确的。但这样的反驳没有切中要害。如果道德要求真的是持续不断的，则这就是我们要非常严肃地问"我为什么要有道德"的一个原因。

功利主义的无边际性的另一个方面，如果有什么的话，就是更令人不安。由英国社会思想家威廉·葛德文（William Godwin）首次讨论的一个例子说明了这一点。葛德文是一个坚定的功利主义者，他看到致力于最大幸福可能会导致痛苦的选择。他想象了这样一个案例：被誉为人类大恩人的法国大主教费奈隆（the French Archbishop Fenelon）的房子着火了，人们必须在救出费奈隆还是救出他的女佣之间做出选择。葛德文认为答案很清楚：正确的做法是营救费奈隆。但一位评论家读到这里后提出了一个问题：如果提到的这位女佣是葛德文的祖母，葛德文的态度会是什么？葛德文回答说，在这种情况下，正确的做法也是去营救费奈隆。

一些人对这个回答感到震惊，哲学家们也经常讨论这个案例以及类似的案例。但这个例子的重要性不仅仅是作为功利主义应用的另一个反例——类似于那些已经遇到过的诸多反例。更确切地说，关键在于，功利主义所包含的那种道德可能会导致这样的情况：我们不仅被要求牺牲我们最亲近的人，而且要完全平等地对待他们与所有人、任何人、其他人。既然我们的朋友和亲人对我们来说比陌生人更重要，即使是那些我们知道是恩人的人，我们为什么要这样做呢？

一个常见的答案是，这在道德上是正确的。假设与目前为止所复述的所有反对意见相反，功利主义者对道德的描述是正确的，那么这当然是正确的。但这又一次没有切中要害，因此它不是一个充分的答案。问题不在于同等对待我们的亲朋好友与其他人在道德上是否正确；相反，问题在于为什么我们要做道德上正确的事情——如果这要求我们对待那些对我们来说很特别的人就好像他们并不特别一样。在这一点上，时有人说，道德法则是凌驾一切的，它必须优先于其他一切考虑。但这只是另一种断言我们必须按道德要求行事的方式。问题在于道德是否是凌驾一切的，如果是，为什么？

提出这个问题的人不会也不可能满足于诉诸道德内容本身的答案。这意味着，一旦这个问题出现，功利主义（或任何类似的道德学说）的任何进一步改进都无法回答这个问题。因此，即使我们所考虑的所有困难和反对意见都能得到克服，功利主义的需求和要求所立足的基础为何仍然是一个问题。这一问题也适用于某些道德观念。事实上，我们对功利主义的考察与对康德主义的考察得出了相同的结论。尽管功利主义把幸福放在首位，但我们仍然需要寻找一个激发我们接受它的理由。问题在于道德本身。不管我们如何看待它，无论是沿着功利主义、康德主义还是其他路线，我们总是可以问道德本身的基础是什么。对此，人们通常会给出两种相当不同的解释。一种观点认为道德的基础是社会契约，另一种观点认为道德最终植根于宗教。这些是最后两章的主题。

拓展阅读建议

一、原始文献

杰里米·边沁（Jeremy Bentham）：《道德与立法原理导论》

（*Introduction to the Principles of Morals and Legislation*）

约翰·斯图亚特·密尔（John Stuart Mill）：《功利主义》（*Utilitarianism*）

二、评论

罗斯·哈里森（Ross Harrison）：《边沁》（*Bentham*）

罗杰·克里斯普（Roger Crisp）：《密尔论功利主义》（*Mill on Utilitarianism*）

三、当代讨论

德里克·帕菲特（Derek Parfit）：《理与人》（*Reasons and Persons*）第4部分

大卫·莱昂斯（David Lyons）：《功利主义的形式与限度》（*Forms and Limits of Utilitarianism*）

J.J.C.斯玛特（J.J.C. Smart）、伯纳德·威廉斯（Bernard Williams）：《功利主义：赞成与反对》（*Utilitarianism For and Against*）

第八章　契约主义

　　道德哲学中反复出现的一个问题，也是我们已经多次遇到过的一个问题，就是如何去弥合"情况是如何"（what is the case）与"情况应该如何"（what ought to be the case）之间的鸿沟。正如我们在前文中看到的，哲学利己主义者认为，在第一人称的情况下，这不存在任何问题；我如果想要或需要某样东西，就有理由去尝试得到它，因此，从理性上讲，我应该这样做。相比之下，利他主义者似乎确实有问题。你想要或需要某样东西，怎么就能从这一事实中得出结论，我应该设法为你弄到它呢？别人的需求怎么能为我采取行动提供一个令人信服的理由呢？
　　前一章以"道德的要求可以建立在什么基础上"这个问题结束，上述问题也提出了同样的问题。康德主义者和功利主义者都在收集证据和论证以表明，公正理性和/或整体利益指向了个人采取某种行动这一结果。但是，这个人有什么理由遵循他们的规定呢，尤其是如果这意味着某种程度的自我牺牲？

协议的效力

在此，我们被带回到第一章中关于道德理性主义的讨论——诉诸承诺的逻辑力量。对于"我为什么要关心别人的需求"这个问题，有一个令人信服的回答会是"你答应过"。这立刻就将责任推回到了提出这个问题的利己主义者身上，因为这种诉求不是直接针对他人的需求，而是针对他自己过去的行为。当然，被如此提及的人确实做出了承诺，这必须是真的，但他是否履行承诺则是一个事实问题。事实上，这是该诉求效力的一部分。承诺者当然可以说："我为什么要信守承诺？"一些哲学家会声称（正如我在第一章中提到的），这样的问题毫无意义，这就像在问为什么两个东西不能同时出现在同一个位置一样。但无论如何，事实仍然是，承诺已然做出，而这就将承诺人与其他行动主体区分开来了。

这一点需要强调。假设我有急事需要一些钱。利己主义者的观点是，我的需要自动地成为我为此做点什么的理由，但不是自动地成为你的理由。然后，让我们同意（但愿只是为了论证起见），我的需要和他人的义务之间的关系是有问题的。同样是他人，承诺帮助我的人和没有承诺帮助我的人之间还是有重要区别的。简而言之，承诺使得他们有所不同。此外，它们所产生的差异是一种引起义务的差异。你可能会说："我如果不想帮你，那为什么要帮你？"而如果你从未承诺或同意任何相反的事情，我可能很难硬塞给你一个理由。但如果你同意了，这将生成一个理由，因为我们不会只是因为我们不再想做我们同意做的事情而解除我们的承诺。

正是在这一基本思想的基础上，另一种截然不同的伦理学理论应运而生，这种理论通常被称为"契约主义"（contractualism）。我们如果能以某种方式证明道德的基本原则根植于社会契约，就会有关于这个想法的理性依据，即道德原则不能被简单地忽视，因为它们与个人的欲望或愿望都没有直接联系。

从这个角度来看，道德应该被视为一套规则和原则。如果社会要正常运转，那么我们需要就它们达成一致。在此意义上，我们的道德义务与我们的社会义务没有明显的区别，政治和道德之间的界限也有点模糊。这就是为什么在发展和完善这一脉思想方面最有影响力的哲学家通常被认为是政治哲学家，而不是道德哲学家，其中尤其包括托马斯·霍布斯、约翰·洛克、让-雅克·卢梭（Jean-Jacques Rousseau）和（近来的）约翰·罗尔斯。

在契约主义的历史中，有两个关键的概念——"自然状态"（state of nature）和"社会契约"（social contract）。刚才列出的所有哲学家都使用了这些概念，尽管他们对这些概念的说法不同，有时也用不同的名字称呼它们。然而，他们的总体策略是一样的——进行一个思想实验，邀请我们从社会和政治结构的世界中抽象出"自然状态"来，并通过对这种"自然状态"的推理，揭示出"社会契约"的理性依据，这种社会契约将支配社会中个人之间的关系。一旦社会契约建立起来了，它就构成了法律和道德的基础，并可以作为我们承认和顾及他人需求的社会义务的基础。

尽管这是解决我们一直关注的问题的一种有趣方法，而且对于许多人也很有吸引力，但是它面临着一个明显的困难。如果诉诸"社会契约"就是带有了协议效力赋予一般承诺的那种强制性含义，那它实际上必须事先得到同意。然而，尽管发生过与此类似的偶然历史事件——10 世纪至 12 世纪的冰岛议会（Althing）可能就是一个例子，但是，并没有一个前政治社会有充分记录的案例，表明所有人在同一时间聚集在一起，并就他们相互支持和合作的规则达成一致。换句话说，没有关于明确同意社会契约的清楚记录在案的实例。有没有办法绕过这一困难，或者说，有没有其他类型的协议可以起到明确（或者用一个更老旧的术语——表达）同意的作用？为这个问题提供答案一直是契约主义哲学的一个主要部分。

约翰·洛克与"默认"同意

约翰·洛克，《政府论两篇》（*Two Treatises of Government*，简称《政府论》）的作者，也许是所有英国哲学家中最著名的一位。其中现在很少有人读的上篇，是为直接驳斥罗伯特·费尔默（Robert Filmer）爵士的著作而写作的。费尔默认为，君主统治他的臣民的权力是通过第一个人亚当（Adam）的人格（person）从上帝那里获得的。在对这一说法进行了详尽的驳斥之后，洛克在《政府论（下篇）》（*Second Treatises of Government*）中继续阐述并捍卫了相反的观点，这在当时是一个极端激进的观点，即国王实际上要把他们的王权归功于他们所统治的人民，因为统治者的权威在理性上源于被统治者的同意。统治者所行使的权力事实上是人民移交给他来落实和保护的个人权利。这一观点不仅适用于国王，也适用于任何形式的政府。

然而，《政府论》的一个中心论点与个人对他人的义务这一主题直接相关。洛克想要证明：

> 因此，当经由个人与其他人的同意而建立一个由政府治理的政治体时，他就使自己对那个社会的每一成员都负有一种义务：*服从大多数人的决定，并由它来决议*。否则，他和其他人为结合成一个社会而订立的那个原始契约便毫无意义。并且，如果他仍然像以前在自然状态中那样自由，除了自然法以外不受其他约束，那个契约就不成其为契约了。
>
> [洛克《政府论（下篇）》，1960：376，斜体为原文强调部分]

虽然我们今天倾向于在政治和道德之间做出的区分，在洛克的时代不会如此明显，但正如这段话所表明的那样，他的《政府论》显然是政治哲学著作。这主要是因为洛克没有讨论道德的基础或内容，他认为道德是由上帝建立的。他认为自然道德法则的存在是理所当然的，他的问题是，如何将这种自然法与公民社会和国家法律联系起来。他的答案是，国家法律应该反映、解释和执行自然道德法则。他根本没有"是社会契约促成了这些法律，或者赋予了它们权威"这个想法。

与此同时，无论我们谈论的是道德义务还是政治义务，对"契约"的任何求助都面临着业已确定的困难——缺乏明确的同意或协议。在这一点上，洛克的讨论有一个方面与此相关。这就是他的"默认"（tacit）或"默示同意"（implicit consent）的概念。

明示同意和默认同意有一个明显的区别，这就涉及我们目前谈论的情况。毋庸置疑，任何人明示同意加入某一社会，就会使他成为该社会的一名正式成员、该政府的一位公民。困难在于，应该将什么行为视为*默认同意*，以及它的约束力有多大？换言之，即使一个人根本没有做出任何明示，在何种程度上能够认定他已经同意，从而服从于某个政府？对此，我要说的是，任何人，只要占有或享用了某个政府的任一部分领地，就会因此表示了他的默认同意，并在享用期间，有义务遵守该政府的法律，就像该政府治下的其他人一样；无论这个人占有的是永远属于他和他子孙的土地，还是只是住一个星期，甚或很少走在路上。

[洛克《政府论（下篇）》，1960：392，斜体为原文强调部分]

显然，洛克在此关注的仍然是政治义务的理由，但同样的论点可以而且经常被提出来用于解释我们的道德义务。那些利用了道德规则优势的人可以被认为默认了这些规则。只有顾客买单，店主才能生意兴隆。作弊者靠的是其他人遵守规则；骗子依赖于其他人的诚实和信任；他们都试图遮掩自己的非法交易，从而暴露了这一事实。

然而，尽管对于"社会成员身份产生社会义务"显然是需要澄清的，但默认同意似乎是使之成立的最难以置信的机制。问题在于，我们只能说某人同意了某件事——如果他们曾有机会不同意的话。但如果我们相信洛克的话，就不存在这种可能性。用洛克的话来说，如果我进入一个国家，"只是住一个星期"且"很少走在路上"，唯一的目的是表示我对社会契约的拒绝，尽管如此，我还是默认同意了它。

当然，对于绝大多数人来说，甚至连这种徒劳的尝试都是不可能的。他们归属的这个社会就是他们生于其中的社会，而不是他们选择加入其中的社会。他们继续归属这个社会，仅仅是出于实际需要的结果。大卫·休谟是第一个提出这一观点的人，他在《原始契约》(Of the Original Contract) 一文中这样写道：

> 是否生活在一位君主的统治（每个人都可以脱离这种统治）之下，每个人就默认同意了他的权威，并承诺了服从他？对此我们可以回答说，只有在一个人想象事情可由他选择的地方，这种默示同意才有存在的余地。……对于一个贫穷的农民或工匠，他不懂外语或外国礼仪，每天靠获得的微薄工资生活，我们能认真地说，他可以自由选择离开他的国家吗？如果能够这样说的话，那么，对于一个在睡梦中被抬到船上、若要离船则必须跳海以致淹死的人，我们岂不是可以宣称他留在船上，就是自由同意船主的统治？
>
> （休谟《道德、政治和文学论文集》，1963：461-462）

简而言之，正如洛克所宣称的那样，默认同意和明示同意之间可能确实有一个明显的区别，而有时可能是，我们能够假设一个人同意了，即使是在没有明确给出的地方也是如此。但是，我对社会的参与本身并不足以表明我已经同意使该社会得以运转的基本行为原则。

约翰·罗尔斯与"假设"同意

明示同意来源于说过的话，默认同意来源于已采取的行动。在这两种情况下，同意都是真确的，而问题在于，关于那些旨在确定什么是可接受的社会行为、什么是不可接受的社会行为的规则，人们对于它们的同意，无论是明示的还是默认的，几乎无一可以说是真确的。

在 20 世纪最具影响力的政治哲学家约翰·罗尔斯那里，可以发现一种用于解决同意问题的不同方法。在他的名著《正义论》(A Theory of Justice) 中，罗尔斯对自然状态的对应表述是"原初状态"(Original Position)。这也是一种假想的情况，在这种情况下，人们被置于"无知之幕"(veil of ignorance) 后面，并被要求决定他们将乐于同意生活在什么样的社会中。"无知之幕"的要点在于确保人们不会简单地选择最适合他们的社会。因此，在考虑的时候，他们不知道自己是富有还是贫穷，是身体健全还是残疾，是有才能还是没有才能，是男性还是女性，等等。当然，这样做的目的是使他们的考虑不偏不倚；如果社会交往的规则是公正的，它们就不能偏向于社会的某一部分或某一类人。但同样，一个人同意自己永久作为底层成员的社会将是不合理的（罗尔斯认为这不合理），而审议规范社会行为的基本道德规则的要点在于提出一套规则，这些规则可以获得所有适用它们的人的理性同意。

在目前情况下，这第二点是最重要的。罗尔斯思想实验的目的（至少在一种解释上）是得出一些理性利己主义者会同意的基本原则。事实上，他提出了两个这样的原则。第一个是，我们应该允许个人享有与所有人同等的、可兼容的尽可能多的自由；第二个是，个人财富应该根据所谓的"差异原则"(the Difference principle) 进行分配，这一原则的目的是限制贫富之间可能出现的差距。

与洛克的思想实验（尽管可能不太清楚）一样，罗尔斯的思想实验也是关于社会和政治原则而不是道德原则的，因此，在这里详细探讨他的两个原则是不合适的。就当前目的而言，在他的理论中起作用的相关概念是"假设同意"(hypothetical consent)。他的思想实验表明（如果有效的话），一个按照一定规则运行的社会，会得到理性利己的人经公正思考后的同意。

许多评论家认为，他的思想实验不起作用，在推理中存在缺陷，这个推理本应使我们从原初状态出发，得出这两个基本原则。特别是，人们经常认为，罗尔斯的结论是建立在处于原初状态的人们面对风险时非常保守的态度的基础上的。他认为，人们在权衡不同社会安排的利弊时，总是会选择这样一种社会：在这个社会中，虽然没有机会获得巨额财富，但也很少有机会陷入极度贫困。然而，我们知道，有些人天生就倾向于冒险，任何不像罗尔斯假设的那样厌恶风险的人，都不会理性地同意并遵守他阐述的原则。不过，这里需要注意的重点是，即使他的论证策略确实有效，由此产生的假设同意也不足以弥合利己动机与利他义务之间的理性鸿沟。

原因在于契约主义必须诉诸同意。这即是说，你可以被合理地要求去做道德规则要求你做的事情，因为无论你想做还是不想做什么，你都同意了这些规则。现在，如果我们试图用假设同意的概念来表达这一原则，它就是行不通的。我可以被理直气壮地要求遵守我实际上已经同意的规则。只有在我没有实际同意的情况下，才需要诉诸假设。声称在某些条件下我会同意，这就是所谓假设的效力。而这些条件是什么呢？其一是，我是一个完全理性的行动者。现在也许可以这样说，我受到规则的约束，我如果是完全理性的，就会同意这些规则（不是每个人都接受这一说法），但这将置那些不完全理性的人于何地呢？这似乎使得他们免于任何此类义务。

这一点需要非常仔细地详述一番。在提到不完全理性的人时，我们指的并不是那些有严重精神缺陷的人，而单指那些不太可能像罗尔斯向我们描绘的那样进行审慎思考的人。如果某些人不能或不愿意遵循论证，我们就不能说他们会接受一个理性上有效的论证的结论。因此，假设同意的约束力（如果它有这种效力的话）不能适用于他们。似乎我们必须得出这样的结论：这些人不受更理性的人所受的规则的约束。

这是一个不幸的暗示，因为罗尔斯思想实验的全部要点是要确立适用于社会所有成员的关于自由和正义的义务及限制。他的理论被期望为基本社会规则提供一个理性的基础，使每个人都可以被合法地强迫遵守这些规则，而不完全理性的人的存在意味着存在一个不能被合法地强迫其遵从这些规则的群体。

一种可能的回应是这样的。只要罗尔斯的原则确实建立在理性的基础上，那么我就有理由把它们应用于社会的所有成员，无论他们是否具有完全理性。这种回应的问题在于，同意的概念完全不在考虑范围内。当然，这样认为似乎是合理的：我有正当理由让你同意理性上依据充分的社会行为规则，不管你是否遵循这些规则背后所有的推理。而且，一旦你同意了它们，我就可以合法地要求你信守诺言，不管你愿不愿意。但这是诉诸实际的同意，正是这种实际同意的普遍缺失激发了对假设同意的吁求。我们现在看到的是，假设同意不能弥补这种缺失，因此也不能确保实际同意所保证的。唯一进一步的可能性是忘掉同意，而直接诉诸推理本身的力量。

霍布斯与实践理性的规定

这正是另一位著名的契约主义理论家托马斯·霍布斯所采用的方法。与洛克和罗尔斯一样，霍布斯也从一种"自然状态"推到文明状态，但有着这样一个重要区别。洛克的自然状态是受神律支配的，罗尔斯的原初状态是专门设计用来确保公正的，而霍布斯的自然状态是一场"所有人反对所有人的战争"（war of all against all）。在可能是最常被所有哲学家引用的段落之一中，他将其描述为一种境况，在那里：

> 没有生产制造，……没有地球文化，没有海上航行……没有宽敞的建筑物，……没有关于大地面貌的知识，不计时间，没有艺术，没有文学，没有社会，最糟糕的是，有暴死的持续恐惧和危险，而人的一生，孤独无依，贫困潦倒，污秽不堪，野蛮不化，寿命短暂。
>
> （霍布斯《利维坦》，1960：82）

这种种状况源于人们天生就自私自利的假设。这是使得霍布斯的思想实验在当前语境中特别重要的原因，因为它特别针对的是一种利己主义心态。简言之，他的论点是，每个人，无论他们的目的或愿望是什么，都有明确的实践理由摆脱这种自然状态，因为在"所有人反对所有人的战争"中，利己主义者的计划和利他主义者的愿望很可能都会化为泡影。因此，每个人都有一个强有力的理由来寻求某种社会秩序，并因此同意为确保这种秩序而采取的任何措施。

理解霍布斯的一种方式是要明白，对他来说，社会生活的核心问题是社会协调问题。人们如何能够在无须不断挫败对方的情况下追求他们彼此之间截然不同且经常相互冲突的目标？由强者简单支配弱者的社会秩序是行不通的，因为即使是最强者也必须睡觉和可能生病。在此情形下，出现困难的原因并不是非理性，以至于只有柏拉图的哲人王（philosopher-king）才能够提供解决方案。

要理解这一点，请想象以下情况。有些人以捕鱼为生，但他们邻近湖泊里的渔业资源正在减少。从长远来看，保护渔业资源的唯一办法是实行个人配额，即限制每个渔民可以从湖中捕捞的鱼的数量。只有这样，每个人的未来才能都得到保障。而另一种选择的结果是每个人都失去生计。问题是，每个渔民都能令人信服地做如下推理：

> 假设我遵守我的配额限制，而其他人并没有。在这种情况下，这个湖会被捕捞一空，每个人最终都会受损，但我还会在短期内受损，因为遵守我的配额限制，我的收入会立即下降，而其他人则不会。与此同时，假设我突破了我的配额限制。然后，如果其他人也突破了他们的配额限制，那么这个湖肯定会被捕捞一空，但我不是一个特别的受损者。相反，如果其他人遵守他们的配额限制，而我突破了我的配额限制，渔业资源将得到保护，这对我和他们的长期利益都有好处，但与他们不同的是，我的收入也不会立即下降。因此，不管其他渔民是无视还是遵守他们的配额限制，我的最佳策略都是无视我的配额限制。

有必要强调一下，这一推理思路是十分有说服力的。在上述情况下，打破规则确实符合个人利益。问题在于，每个渔民都可以同样有说服力地以这种方式进行推理，结果是没有人有任何合理的义务来遵守配额限制。奇怪的是，如果每个人都依理性行事，渔业资源的枯竭是肯定的，随之发生的将是公共灾难。如何克服这种矛盾呢？

要想找到答案，我们应该从以下观察开始。如果（1）其他所有人都遵守规则并且（2）他如果不遵守规则就将遭受损失，那么遵守规则就符合每个渔民的个体利益。如果要打破对整体利益具有如此破坏性影响的个人主义推理链条，个人就必须知道其他人将如何行事。现在，他们唯一能够知道的是，如果他们知道每个人都被迫遵守配额限制，那么每个人都将遵守配额限制。这是克服个人理性与共同利益之间潜在冲突的一种方式，也许是唯一的方式。这也是霍布斯关于主权国家的现实必要性的论证的核心，在我看来，这是一个强有力的论证。它表明，社会中的人类可以以既具有个人理性又具有社会破坏性的方式行事。

仅仅存在规范社会行为的规则是不足以解决这一问题的。关键的是，人们必须切实按照这些规则行事。仅仅同意遵循它们也不会起作用，因为如果就像渔民想象中的情景那样，每个人都有打破规则的合理动机，那么就会有同样的动机打破任何遵守它们的协议。这意味着，同意——无论是假设的、默认的甚至是明示的——都不可能是在这种情况下可以援引的恰当概念。每个人都有一个合理的动机，既同意规则，随后又违背他自己的同意。霍布斯论证的特别有力之处在于，它表明，唯一妥善的解决方案是建立某种既具有权威又具有执行规则和协议的权力的机构。它使用强迫手段来增进和保护整体利益，迫使个人按照规则行事，无论他们是否愿意。这种强制适用于所有人，不管其合理性如何，因为要实现的整体利益符合每个人的长期利益。

因此，霍布斯的自然状态构想与罗尔斯的原初状态构想截然不同。在这种状态下，个人推理远远不能导向所有人都同意的道德或社会规则（或原则），反而不利于任何这样的规则，并且损害它们本应去保护的整体利益。这就是为什么需要一个主权机构来统治个人并否定他们的推理。同时，它也展示了接受这样一个机构的实践智慧：它是每个人都拥有安全和满意的生活的必要条件，也是针对所有人反对所有人的战争的防护措施。霍布斯的推理，如果合理的话，表明了理性利己主义者应该接受可强制执行的社会秩序规则，因为这些规则符合他们自己的最佳利益，即使这些规则的适用与他们的直接目的和欲望相冲突。

与罗尔斯一样，许多评论家怀疑霍布斯的论证是否真的有效。但即使它真的有效，也无法弥合我们一直关注的理性利己主义和道德利他主义之间的鸿沟。霍布斯的《利维坦》（*Leviathan*）无疑是一部政治哲学而非道德哲学著作。它的意图以及它的成果（如果它成功的话）表明的是，对于社会秩序的可能性而言，国家既是最基本的，又是最重要的。如果我们所说的"道德"在其中发挥着某种作用，那么道德不仅是国家必须强行实施的，而且是国家必须裁决的某种东西。道德上错误的，就是国家所认定的道德上错误的。

政治、道德与宗教

这一结论对许多人来说将是不可接受的，主要出于三个原因。首先，与先前时期和不同文化（例如伊斯兰教）相比，西方思想已经开始将政治和道德的区别视为重要的区别。大多数现代民主国家在政治上是自由的，因为它们认为法律不应该被用以强制执行特定的道德信仰。正是这一点解释了涉及婚姻、同性恋和堕胎的法律的自由化变革。之所以会发生这样的变革，是因为人们普遍认为，即使通奸、同性恋和堕胎在道德上是错误的，个人的道德选择也是一种基本的自由，通过强迫其公民行善来为他们做出道德选择不是国家的应当职责。

其次，我们认为有很多方面的行为是不道德的，例如说谎、对朋友不忠、恶意妄言等，而似乎难有真正有效的法律来禁止这些行为。相反，有些道德上值得称赞的特质是立法无法带来的。例如，我们不能强迫人们慷慨或者善良。因此，在"合法"和"非法"之外，确乎存在一个重要的行为及其评估领域。

最后，或许也是最有力的理由，如果确实是国家通过的法律决定了道德上的对错，这将使国家本身超出道德的范围。面对20世纪的历史，以及纳粹德国、波尔布特（Pol Pot）时代的柬埔寨和种族隔离制度下的南非（仅举这几个最引人瞩目的例子）的过度国家行为，国家可能是道德对错之源的想法似乎是不可容忍的。为了对群体和个人在这些国家手中遭受的严重侵犯做出正确的判断，我们必须有一定程度上超越了政府通过的法律的评估和批评，无论我们称之为道德、人权还是自然法。简而言之，似乎可以肯定的是，不公正的国家和道德上败坏的法律可能存在，而且确实存在。然而，如果国家是最终的道德仲裁者，这又怎么可能实现呢？

霍布斯的同时代人以及后来的评论家和社会理论家都害怕"霍布斯主义"（Hobbism），因为它被认为许可了专制统治，并使国家（霍布斯实际上是这样称呼它的）成为一个"凡间的上帝"（mortal God）。洛克对自然状态的描述在某种程度上是作为对霍布斯式描述的一种替代品提出的，它的根本不同之处在于将主体的权利而非君主的权力作为对与错的试金石。对于洛克来说，国家的作用不是确立（在"定义"的意义上）道德上的对与错，而是确保个人的自然权利得到足够精确的表述，以使其应用清晰、公平和一致。当洛克提到"治安官"(Magistrate)这一职位时,他想到的是一个肩负着解释和强制执行自然权利的特殊任务的人,这些权利限制了国家及其官员的行为,就像他们限制了公民相互之间的行为一样。这些自然权利源于自然法,这些自然法应该在自然状态下支配人际关系,就像在政治社会中一样,统治者对其臣民的行为也应该根据这些自然法进行评估。这就是为什么洛克允许公民有反抗暴政(tyrannical government)的权利。当众所周知的"人和公民的基本权利"受到国家侵犯而不是保护时,公民以这些权利的名义反抗他们的统治者就是正当的。

这意味着,与霍布斯相反,这些自然法和自然权利的来源不可能是主权国家。它们的起源和权威一定来自别处,在洛克的论述中,这个出处在哪是非常清楚的。自然权利实际上是上帝赋予的(God-given),因此道德的权威不是来自国家,而是来自上帝,国王及其臣民要对上帝负同样的责任。这种求助于神圣权威的做法在今天远不如洛克时代那么可信。当代道德和政治哲学家们在他们的论证过程中并不经常求助于上帝。但即使在非常古老的时代,也有人对道德权威的最终来源是上帝这一说法提出了哲学上的怀疑。这是下一章也是最后一章的主题。

拓展阅读建议

一、原始文献

约翰·洛克(John Locke):《政府论(下篇)》(*Second Trea-*

tise of Government）

托马斯·霍布斯（Thomas Hobbes）：《利维坦》（Leviathan）

大卫·休谟（David Hume）：《道德、政治和文学论文集》中的《原始契约》（"Of the Original Contract" in *Essays Moral, Political and Literary*）

约翰·罗尔斯（John Rawls）：《正义论》（*A Theory of Justice*）

二、评论

D. A. 劳埃德-托马斯（D. A. Lloyd-Thomas）：《洛克论政府》（*Locke on Government*）

迈克尔·莱斯诺夫（Michael Lessnoff）：《社会契约》（*Social Contract*）

三、当代讨论

大卫·戈蒂埃（David Gautier）：《协议道德》（*Morals By Agreement*）

第九章 伦理学、宗教与人生的意义

在这最后一章中，我们将探讨许多人期许哲学（尤其是道德哲学）予以特别关注的主题，即上帝、善恶和人生的意义。然而，在直接考虑这些主题之前，对把我们带到这一步的争论进行一个总体概括可能不无用处。

迄今为止的争论

接近一些伦理学核心问题的一种方法是问："一个人能过上的最好生活是什么？"我们考虑的第一个答案是利己主义者给出的：最好的生活是你得到你想要的那种生活。对这个答案有各种各样的反对意见，但最重要的是这个：利己主义认为我们的需要和欲望在某种意义上是"在那里"等待着被满足的，而事实是我们经常不确定自己想要什么。我们不仅可以清楚地质问自己想从生活中得到什么，还可以质问自己应该想要什么。然而，利己主义无法回答这个问题。由此可见，作为好生活的指南，利己主义是不能胜任的。尽管它告诉了我们该做什么，但这是在给定预先存在的欲望的情况下，而它并不能帮助我们批判性地形成这些欲望。

纳入考虑的第二个答案是享乐主义给出的，它认为好生活就是快乐的生活。享乐主义比利己主义更进一步，因为它不仅建议追求一般的欲望，而且建议追求某种特定的欲望——对快乐的欲望。因此，享乐主义不能被指责为像利己主义那样空洞。此外，它似乎在关于好与坏的争论中具有一种优势，因为快乐是一种具有天然吸引力的价值，因此是这样一种价值——人们有望在此基础上构建起一种关于好生活的哲学。但享乐主义并非没有自己的困难。如果我们按照昔勒尼学派的思路来解释快乐的生活——一种充斥"酒、女人和歌"的生活，那么人类生物学和心理学揭示的事实使得我们不可能只追求感官上的快乐，因为享乐之后，它们几乎都会带来感官上的痛苦。这可能引导我们像伊壁鸠鲁学派那样，以更精致的方式来解释理想的快乐生活，并推崇这样一种生活，比如，在这种生活中，是品尝美酒而非喝得酩酊大醉。但是，我们如果真的在我们对快乐的看法中做出这一改变，就失去了使享乐主义优于其他哲学的天然吸引力，因为伊壁鸠鲁式的生活，远非自我放纵的生活，而实际上是一种相当自我克制的生活。

无论如何，为反对任何一种享乐主义，我们都可以说，生活中除了快乐之外还有更多的东西。更重要的是，正如亚里士多德所看到的，幸福不仅仅是快乐，正是这一观察结果使我们开始考虑把幸福作为最高价值的主张。亚里士多德根据一事物自然功能或目的的实现来定义它的幸福，这就是为什么他的道德哲学可以被描述为某种形式的自然主义。然而，伦理自然主义面临着这一问题：能够说人类有一个自然的目的或功能吗？对这个问题的一个有趣回答诉诸动物行为学、社会生物学和进化生物学，这些相对较新的科学将人类作为进化的社会动物进行研究。

不过，将亚里士多德哲学和达尔文生物学结合起来的尝试不能被认为是完全成功的。伦理自然主义的核心是试图通过参考我们作为人类的本性来解决道德行为问题，但由于人类已经被证明可以适应许多不同的环境，它也就不可避免地在冲突的生活方式和模式之间留下了许多悬而未决的争论。此外，即使它解决了其中的许多争论，也仍然会有一个巨大的失败，至少在存在主义者看来是这样的。在存在主义者看来，人类的独特之处在于他们不受自然决定束缚的自由，在于他们超越天然约束的能力，以及他们对自己命运和行为的责任。

幸福主义似乎忽视了这种超越我们本性的自由，而存在主义则突出了这种自由。然而，在存在主义的考察中，出现了另一种问题。它所提倡的"本真的"生活，经过反思之后可以发现，是一个与具体内容无关的概念；如果最重要的是自由和本真，那么选择作为一个本真的恶棍的生活就和选择作为一个本真的英雄的生活一样好。

康德试图表明，自由并不是唯一重要的，理性同样重要。他认为，自由和理性可以在一种以义务为中心的道德生活构想中得到调和。康德说的很多话都很巧妙，但关键的是，他似乎遗漏了描绘人类幸福的后果。如此一来，他就消除了任何可能激励我们选择他如此强烈推崇的道德生活的基础。这就是为什么他说一种不可简化的

"对法则的敬畏"是道德动机的来源，而这一概念，正如他自己所观察到的那样，只是陈述了而不是解释了我们对道德的兴趣。

康德式的道德理论未能提供关于道德动机的解释，促使我们考虑到另一种熟悉的替代方案功利主义——一种把人类幸福放在首位的学说，因此有望克服康德道德哲学遇到的问题。但事实上，在对功利主义的批判性考察中，出现了一个非常相似的困难。在这里，我们也面临着这样一个问题：我有什么理由为了总体幸福而牺牲我自己的个人幸福或我最亲近的那些人的幸福呢？功利主义无法回答这个问题，因此，可以说，它无法向我们主张其权威。

根据上述总结，截至目前的论证，其否定性着实令人失望。我们对六种伦理理论进行了考察，发现每一种理论都有缺陷。最终的结果似乎是，我们并没有比开始时走得更远。但事实并非如此。在论证的每个阶段都有一些有价值的东西出现，从整体来看，我们现在对我们在成功的伦理学理论方面所寻找的是什么有了一个更清晰的构想。我们知道我们必须能够回答"我应该想要什么"这个问题。这就是我们对利己主义的讨论所表明的：欲望的满足并不能保证生活幸福。与此同时，对享乐主义的讨论表明，幸福不仅仅是快乐，并且对亚里士多德和社会生物学的讨论表明，即使是幸福也不足以作为好生活的唯一组成部分。正如存在主义者所坚持的那样，我们也必须承认自由和责任的要求。

然而，对存在主义的进一步讨论显示了我们的自由不仅是对自己责任的承认，也是对他人责任的承认。康德在其道德律构想中，试图调和的就是个人自由和对他人的责任。然而，他的尝试带来的一个结果是，他未能认真对待个人幸福。康德充其量只是描绘了一种道德生活，我们从抽象理性的角度考虑才有理由遵循这种道德生活。但如果康德所设想的理性让我们不快乐，那么我们为什么要按照它行事呢？同样，功利主义充其量只是勾勒了一种旨在实现全人类幸福的不偏不倚仁爱的生活。但是话说回来，如果我自己的幸福受到了影响，那么我为什么还要不偏不倚地行事呢？这些当然都是利己主义的问题，但尽管如此，它们都是真真切切存在的。

因此，我们能够明白的是，作为论证的结果之一，必须找到某种方式来兼顾自由和幸福的重要性，并为对他人的道德要求提供一个合理依据，以满足利己主义的合法要求。正是为了完成这一任务，许多人求助于宗教。

道德的权威

无论是康德式的还是功利主义的道德生活构想所面临的问题，都可以被称为关于道德权威的问题——在个人欲望和社会义务之间的竞争中，道德的主张是什么。许多形式的契约主义都要解决这个问题。设想我们不是以个人理想而是以人们同意信奉的规则来思考道德准则。这一建议很有吸引力，因为它通过将同意置于道德的核心，弥合了利己主义和利他主义之间的鸿沟，这一鸿沟似乎困扰着许多极具影响力的伦理学理论。契约主义旨在使承诺或契约成为社会义务的基础，但进一步的研究表明，这种策略最成功的版本将道德归入政治之中，从而实际上消除了道德。霍布斯的论点如果成立的话就揭示了政治权威的基础，但它仍然留给我们一个关于道德权威的问题。

康德为人们过上好生活给出的对策是"总是按照理性思考所表

明的你的义务行事",而功利主义的对策则是"永远以一种不偏不倚的仁爱态度行事"。当任何一项基本原则受到质疑时,似乎就没有什么可说的了,我们只能重复之前的对策。"我为什么要按照理性所表明的我的义务行事?""你就是应该这么做。""我为什么要采取不偏不倚的态度,认为自己的幸福并不比别人的幸福重要呢?""你就是应该这么做。"看来需要的是某种审慎的或利己主义的理由,比如"如果你这样做,对你更好"。但是,如果我们真的把自利作为道德义务的基础,这似乎意味着道德只不过是明智的自利,而当道德顾虑妨碍了个人的幸福和满足时(可以这么说),就应该被抛弃。简而言之,抽象的道德理由似乎缺乏个人诉求,而具体的审慎理由又似乎不够权威。

对许多思想家来说,摆脱这一困难的方法在于求助于上帝的权威意志。对于这个解决方案应该如何奏效,不难看出大概。如果上帝是创造者,并且爱他的创造物,如果他既全能又全善,那么他的命令必定会为行动提供审慎的和道德的理由。服从上帝的意志对我们理性地自利有吸引力——没有人能理性地拒绝这样一位上帝的诫命,因为上帝会可靠地规定最有利于个人福祉的生活方式。同时,既然上帝是完美的,他的诫命则必然与正义和所有创造物的福祉相容。这样看来,诉诸上帝的意志,似乎是解决道德哲学令人烦恼的问题的方法,这些问题使迄今为止探讨过的其他思想路线都归于失败。上帝为我们制定了好生活的规则,他处于这样做的独一无二的位置上,因为他创造了这个世界,在此世界中我们被引向那种生活。

当然,事情并没有这么简单。从早期开始,那些把求助于上帝作为哲学问题的解决方案的人就一直受到疑惑和难题的困扰。其中有三个特别重要。第一，是否有一个作为所有完美总和的上帝？第二，如果对第一个问题有一个肯定的答案，我们能确切地知道上帝对我们的旨意吗？第三，如果我们确实知道上帝的旨意，那么相比于我们一直在讨论并发现其缺陷的非宗教哲学，这真的会为我们提供一个更好的生活指南吗？这三个问题都有着非常古老的历史，自从人类开始思考哲学和神学问题以来，它们就一直受到激烈的争论。让我们依次考虑这三个难题。为简便起见，在考虑对它们可能做出的回应之前，我将以其最极端、最具说服力的形式列出它们。

上帝的存在与"恶"的问题

上帝存在吗？这是一个合理的猜测，就这个问题写下的文字篇幅比人类历史上任何其他主题都要多。哲学家们和神学家们提出了多种不同的论证来支持上帝存在的假设。其他一些人声称这些论证是无效的；还有一些人，比如克尔凯郭尔，声称所有这些论证——无论是积极的还是消极的——从真正的宗教角度来看都是毫无价值的。在有史以来伟大的思想家中，有一些是坚定的宗教信徒，如柏拉图、奥古斯丁、阿奎那、笛卡尔、牛顿，还有一些是怀疑论者或彻底的无神论者，如休谟、尼采、马克思、达尔文。另一些人，比如斯宾诺莎、康德、黑格尔、爱因斯坦，作为他们理智反思的结果，持不同版本的宗教信仰，而这些宗教信仰被一些更正统的思想家谴责为异端。鉴于这段漫长而复杂的历史，一本有关道德哲学的入门性教科书不可能深入探讨对上帝存在的信仰所引发的问题。

然而，这一宏大主题的一个方面对于上帝的存在与伦理的基础之间的联系具有特殊的意义，亦即众所周知的"'恶'的问题"（problem of evil）。"恶"的问题并不是所有宗教的问题。东方宗教，如印度教（Hinduism）和佛教（Buddhism），没有像西方的"一神论"（monotheistic）宗教（犹太教、基督教和伊斯兰教）所理解的上帝概念。即使在这些一神论宗教中，对一位本性完美、作为一切美好事物源泉的上帝的信仰也需要被限定。根据希伯来《圣经》（Hebrew Bible）中描绘的行为，耶和华（Yahweh）往往更像是一个易怒、反复无常的暴君，而不是一位慈爱的天父（在《出埃及记》中，摩西被告知："耶和华是忌邪的神，名为忌邪者。"）。在伊斯兰教中，被关注的主要焦点是安拉（Allah）永恒和不可避免的主权，而不是其无穷无尽的爱（《古兰经》的开篇说："一切赞颂，全归安拉，养育众世界的主，至仁至慈的主，报应日的主。"）。主要是在基督教中，非常强调上帝对他的创造物的爱（"神爱世人，甚至将他的独生子赐给他们。"——《约翰福音》3：16）。因此之故，基督教哲学家和神学家比其他任何宗教的哲学家和神学家都更关心"恶"的问题。

这个问题有其实际的一面，那些相信上帝之爱的人很难不时时体验到它。我们只要看看这个世界的任何地方或任何历史时期就都可以发现包含的苦难和毁灭，就会发觉我们自己在问："此时此刻，上帝的爱在哪里？"实际问题是，在面对人类和动物的苦难时如何相信上帝的善良。这种苦难有时似乎达到巨大的程度，如估计造成600万犹太人死亡的纳粹大屠杀，柬埔寨暴君波尔布特造成100多万人死亡的劫掠，或在卢旺达发生的可怕屠杀——在三个月的时间里胡图族人（Hutus）屠杀了大约85万图西族人（Tutsis）——就是明证。

但我们也可以就这个问题给出一个哲学上的解释，并把它变成一次论证，得出一个确切的结论，即不存在慈爱的上帝。休谟就这个问题的哲学描述给出了有关它最著名的演绎之一，我们已经考虑过他的一些观点。

> 我们允许（上帝的）力量无限；他想要的，就必成就；但人和其他动物都不幸福，因此他不想要他们幸福。他的智慧是无限的，他在选择达到任何目的的手段时从不出错；但是，自然的进程并不倾向于人类或动物的幸福，因此，它不是为此目的而创立的……伊壁鸠鲁的古老问题仍未得到解答。他愿意阻止罪恶但做不到吗？那么他就是无能的。抑或他做得到，却不愿意吗？那么他就是恶毒的。他既做得到又愿意吗？那么，罪恶从何而来？
>
> （休谟《道德、政治和文学论文集》，1963：171–172）

如果上帝是全善的，他就会想要结束罪恶和痛苦；如果他是全能的，就没有什么能阻止他这样做。从他总是想要消除罪恶（他的全善），以及他有能力这样做（他的全能）的事实来看，世界上不应该有罪恶。但是，世界上确实存在着罪恶，从罪恶存在这一无可置疑的现实出发，我们不得不得出这样的结论：要么是上帝不想消灭它，这样的话，他就不是全善的；要么是他不能消灭它，这样的话，他就不是全能的。用神学的语言来说，罪恶的存在表明上帝不可能既全能又全善。约翰·斯图亚特·密尔非常有力地表达了这一结论："即使是在宗教或哲学狂热主义曾经构建的最扭曲和最狭隘的关于善的理论中，大自然的统治也不能做得像一种既全善又全能的存在所做的工作一样。"（密尔《宗教三论》，1878：389）

从这个结论到完全不存在上帝只有一小步。如果真有一个上帝，也就是说真有一种值得崇拜的存在，那么这种存在必须是十全十美的，因此也必须是全能的和全善的。这个由罪恶存在产生的论证表明这是不可能的。由此可见，没有上帝。

有些人认为这个论证有十足的说服力，因为它根本上依托于不容置疑的经验事实。其他人则试图找出其中的缺陷。是否会有一个令人满意的答案，这是我们考虑上述第二个问题时将暂时搁置的问题。

宗教知识的问题

如果上帝真的存在，那么我们能确切地知道他对我们的旨意是什么吗？世界的宗教实践表明，我们做不到。首先，我们必须先解决"哪种宗教"的问题。可以说，没有"唯一宗教"（Religion）这样的东西，只有不同宗教（religions），这些宗教给出了截然不同的主张。在一种宗教法典下允许的事，在另一种宗教法典下却是全然不允许的；而在一种宗教法典下必须做的事，对另一种宗教法典来说却是完全无关紧要的。例如，假设我们问人们应该实行一夫一妻制还是一夫多妻制（这对今天非洲一些地区的人们来说是一个真正的问题）？撇开摩门教（Mormonism）不谈，基督教排除了一夫多妻制，认为一夫一妻制不仅是一种理想型，而且是神圣婚姻的唯一形式。与此同时，伊斯兰教不仅容许了一夫多妻制，而且认为一夫多妻制是值得向往的。再举一个例子。我们如何准备食物很重要吗？那些有饮食法的宗教（正统派犹太教、伊斯兰教、锡克教）认为它很重要，尽管它们规定了截然不同的规则（事实上，锡克教的饮食法明确禁止食用以穆斯林方式屠宰的肉）。而对其他宗教来说，比如基督教，食物的准备方式是无关紧要的，这反映了基督的评论：弄脏一个人的不是进到他身体里面的东西，而是从他人身上出来的东西。我们可以举出无数个类似的例子，它们似乎表明，诉诸宗教、将其作为行为指南是无益的，因为在实践中，这是诉诸大量不同的、往往是相互矛盾的好生活建议。如果核心伦理问题是"我应该如何生活"，诉诸宗教的做法，就会由于它们这种奇怪的路线——提供出一组令人为难的答案——而归于失败了。

当然，可以建议我们，应该尝试在这些不同的答案之间做出判断，甚至尝试决定我们应该接受哪个答案，拒绝哪个答案。但是，我们凭什么这么做呢？就每一种宗教都声称是基于神圣的启示（通过摩西、耶稣、穆罕默德、古鲁·那纳克或者约瑟夫·史密斯）而言，它们差不多处于一个平等的地位。单从这一点来看，它们之间似乎没有太大的区别，因为《利未记》（Leviticus，希伯来《圣经》的第三卷）、基督教福音书（Christian Gospels）、《古兰经》或《古鲁·格兰特·萨希卜》（Guru Granth Sahib，锡克教圣典）的训令似乎同等地可能或不太可能是上帝思想的候选者。

对我们来说，在它们之间进行判断的唯一可行的方法，似乎是将它们的主张置于权威已被我们认可的其他检验之中。例如，我们可以根据现代卫生的要求来"检验"犹太教的饮食律法或锡克教徒对头发和胡须长度的规定。在一个避孕创造了性自由的世界里，我们可以试着评估基督教关于贞洁和忠诚于单一伴侣的理想对人类幸福的影响。或者，我们也可以审查一下伊斯兰教的行为准则与妇女的自由平等待遇之间的兼容性。但在每一种情况下，我们都将根据一些其他的外部标准来检验所谓的上帝显露出来的意志,从而超越宗教启示,并且最终将我们的准则建立在其他东西的基础上——对卫生、性自由或妇女平等的信仰。而宗教将不会发挥根本作用。

因此,我们对宗教知识问题的考察,实际上将我们带到了上述第三个问题:相比于我们发现自己想要的世俗替代品,宗教是否为好生活提供了更牢靠的指南?在刚才给出的例子中,我们被引导去尝试通过诉诸非宗教的善的概念来解决分歧。可以这么说,如果我们试图将吁求从善转向上帝,这种情况就不可避免地会发生,而这是对这些事情最古老的哲学考察——柏拉图的苏格拉底式对话《游叙弗伦篇》(*Euthyphro*)——的结论。这篇对话仍然是关于这一议题的最佳讨论之一,因此目前仍可以作为论证的焦点。

游叙弗伦困境

《游叙弗伦篇》是一篇非常典型的苏格拉底式对话。它的名字来自其核心人物,一个被认为是宗教专家、苏格拉底一开始就质疑的人。这段对话是在一个相当有趣的背景下进行的。游叙弗伦是一位公认的宗教虔诚人士,他在法庭外遇见了苏格拉底,从他们谈话的开场白中可以看出,游叙弗伦正忙于以谋杀罪起诉自己的父亲。听到这话,苏格拉底有点惊讶,并很自然地认为谋杀案的受害者一定是与游叙弗伦关系密切的人。但游叙弗伦做了如下回应:

> 可笑的是,苏格拉底,你竟然认为死者是个外人还是家里人会有所不同,却没有意识到唯一的争议点是凶手杀人是否合法。如果他合法,就必须放过他,但如果他不合法,他就必须

被起诉,即便他是你的家人。因为如果你明知这样一个人有罪还与他交往,而不通过依法起诉他来涤净自己和他,你就是与他同罪了。事实上,死者是我的一名雇工;我们在纳克索斯(Naxos)种地时,他在那里为我们工作。他喝醉了,对我们的一个仆人发脾气,盛怒之下用刀捅死了仆人。我父亲就捆起他的手脚,把他扔进沟里;然后派了一个人过去询问有关当局该怎么办。在此期间,我父亲不仅对沟里的人犯甚少在意,而且完全不去管他,以为那是个杀人犯,即使死了也没关系。事情就是这样发生的,由于又饿、又冻、又被束缚着,他在信使询问回来之前就死了。这就是为什么我父亲和我的其他亲戚都对我感到愤怒,因为我以凶手的名义起诉我的父亲犯有过失杀人罪。然而,首先(正如他们坚持的那样),他没有杀死这个人;其次,即便假设我父亲杀了他,由于死者是个杀人犯,一个人也不应该为这样的人辩护,况且儿子起诉他的父亲犯有谋杀罪是一种不敬的行为。苏格拉底,他们对于神的律法在敬和不敬方面的意旨很茫然。

(柏拉图《游叙弗伦篇》,1954:22-23)

无论是从道德还是法律的角度来看,游叙弗伦所讲述的都是一个有趣的案件,只不过苏格拉底独注目于最后一句话,进而导致游叙弗伦声称,与他的其他家人不同,他对神的律法要求什么和不要求什么很熟稔。苏格拉底带着强烈的讽刺意味宣称,自己渴望成为游叙弗伦的门徒,这样他就可以拥有如此伟大而宝贵的知识。随着他这里提出的问题,哲学讨论才真正开始了。这篇对话分为三个主要部分,但由于就哲学方面而言最重要的是中间部分,因此对其他两个部分的内容只需简要概述一下就足够了。

在对话的第一部分，苏格拉底认为，只有所有神都同意的才有可能成为良好行为的指南。现代人很难对谈论"众神"（the gods）抱有非常严肃的兴趣，但这一部分有效地表明，谈论复数形式的"神"是多余的，任何为好生活提供宗教基础的尝试都必须只诉诸一位真神（one God）。

在对话的第三部分中，柏拉图提出了一些关于虔诚生活可能性的有趣问题。例如，如果神是完美的，什么都不缺，那么我们怎么去侍奉他呢？凡人所能做的，对神来说没有任何真正的价值。稍后，我们将再次考虑这个问题的某些方面。在这里，我们可以跳过它，因为我们必须关注对话的第二部分。

在这一部分，苏格拉底向游叙弗伦提出了一个两难问题，也就是说，这个问题只有两个可能的答案，而这两个答案都是不可以接受的。这个问题（用比柏拉图更现代的语言表达）是这样的：某种东西好，是因为神认可它才好，还是因为它本身好，神才认可它？

举例说明可能会使问题更清楚。就以《新约》中"好撒玛利亚人"（Good Samaritan）故事所展现的减轻人的痛苦为例。有一个人在从耶路撒冷（Jerusalem）到耶利哥（Jericho）的路上，被强盗袭击了。他的东西被抢了，人被丢在路边等死。一位祭司经过这里，但因为害怕卷入令人不快或引起麻烦的事情中，而从另一边走过。一个利未人（Levite，一类非常受人尊敬的人）看见他，也照样从另一边走过。然后一个撒玛利亚人（Samaritan）走了过来（重要的是要知道，耶稣时代的犹太人对撒玛利亚人的印象很差）。与其他两人不同的是，他停了下来帮助那个人，把他带到了一家路边旅馆。他甚至留了钱给旅馆老板，以支付受伤男子的费用。

这个故事被一代又一代的人称颂为一个富有启发性的典范，用以说明基督徒被要求表现出对邻人之爱。但是，撒玛利亚人的行为是好的，只是因为它符合上帝的要求吗？还是说帮助伤者本身是好的，而这就是上帝要求这么做的原因？在这个故事首次被讲述很久之前，柏拉图早就这样写道："某种东西之所以神圣，是因为它受到众神的喜爱？还是因为它是神圣的，才受到众神的喜爱？"

假设我们对第一个问题回答"是"，并同意一种行为的良善之处无非是它符合神的旨意。那么，如果上帝要求我们做与我们通常认为正确的相反之事，那也同样是好的。如果上帝命令撒玛利亚人在从耶路撒冷到耶利哥的路上，加重受害者的伤口，这将是一件好事。但这样想就等于认为，我们所以为的好与坏、对与错不是本质如此，而是偶然如此，它们是由上帝任意决定的。按照这种观点，幸福本身无所谓好，痛苦本身也无所谓错；碰巧的是，上帝选择宣告这些分别是好的和坏的，据此也可以很轻易地选择谴责那些善良和慷慨的人，赞扬那些恶毒或贪婪的人。

大多数人都倾向于拒斥两难问题的这一端。他们认为，上帝要求我们行善事，因为那就是善事；上帝不会像臭名昭著的罗马皇帝尼禄（Nero）或卡利古拉（Caligula）那样行事。这两位可以在一个场合任性地、异想天开地要求做一件事，而在另一个场合却轻浮地要求做一件相反的事情。与他们不同，上帝洞见到真理，要求行真正的善事，禁止做真正的恶事。

但若是这样，那善恶之事本身就是善的、恶的，无论上帝怎样想。由此可见，它们独立于上帝的意志，既不以上帝的意志为基础，也不受其决定。试图避免使善恶受制于反复无常的意志，让我们陷入了两难问题的另一端。上帝终究不是善的基础，充其量只是善的启示者。无论上帝的意志是什么，事实上，好就是好，坏就是坏，与上帝的意志无关。

最终的结果是这样的：我们着手寻找某种东西，这种东西可以以这样的方式为道德主张奠定基础，从而回答利己主义者谨慎面对的问题。正是在这里，诉诸上帝的权威本应该有所帮助。但柏拉图的对话表明，好与坏都取决于上帝的意志的话，就有它们是完全任意的问题，又或者它们不是完全任意的，而在这种情况下，没有任何可诉诸上帝的余地。

因而，基于以下三点，任何诉诸宗教、将其作为好生活基础的做法似乎都被排除在外了。其一，世界上邪恶的现实使人怀疑正确的上帝的存在。其二，世界上宗教的多样性以及它们所规定的生活方式和行为方式的多样性，为在诉诸宗教之后将带来何种好生活造成了重大困难。其三，或许也是最重要的，柏拉图在《游叙弗伦篇》中的论证似乎表明，即使前两个困难可以克服，宗教在逻辑上也不能作为道德的基础。

宗教经验与宗教实践

对这些困难可有什么应对措施？许多哲学家和神学家都认为有，但因篇幅所限，在目前情况下，不可能对几个世纪以来做出的大量回复及其反驳进行详细审议。不过，感兴趣的读者可以在我的《恶与基督教伦理》（*Evil and Christian Ethics*）一书中找到关于"恶"的问题更详细的讨论。在这里，我只想探讨一条非常重要的思路。

让我们从两个引人注目的讨论开始。第一个是这样的：在

"恶"的问题上,苦难和悲惨的现实被作为否定慈爱的上帝存在的理由提了出来。换言之,问题的结构被认为是一种关于假说(存在一个慈爱的上帝)和证据(世界上有邪恶)的结构。然而,一个有趣的事实是,正是在痛苦和邪恶的经历——死亡、疾病、丧亲之痛、落魄——中,大多数人转向对一位慈爱上帝的期盼,总的来说,他们实际上转向宗教。某种被认为是反对上帝存在的证据的经历,往往是这种信仰的主要原因。毫无疑问,对此可能有心理学上的解释,但这类解释通常假设人们不顾自己的经历而转向宗教。相反,为什么我们不能得出这样的结论,即这段经历使他们洞见到了某种可能被错过的东西?如果这是真的,那么关于"恶"的问题的传统建构肯定将一些重要的东西排除在外了。

同样的观点也可以用其他方式来说明。人们有时会因为一种奇迹般地从灾难中获救的感觉而皈依宗教。在每一种情况下,总有一个简单的解释,说明他们为什么没有被倒塌的砖石压扁,或者救援人员为什么恰好就在那一刻到达现场(诸如此类)。这些简单的解释足以说明相关事实,但经此遭遇的人经常更进一步,从神的作用或上天庇佑的角度提供解释。怀疑论者正确地指出,作为解释,这些吁请超出了证据,并没有增进我们对事件原因的了解。我们不难承认此事的真相,然而,人们仍然继续提及上帝和奇迹,这一事实可以提醒我们这种可能性,他们吁请的意义可能与找寻解释没有多大关系。或许当人们转向上帝或在祈祷中求告他时,会发生一些完全不同的事情。哲学上"恶"的问题假设,发生在我们身上的事情是支持或反对上帝存在的证据,就像在法庭上反对某人一样。但是,当我们更仔细地研究宗教信仰是如何真实产生的以及是什么支撑着它时,结论似乎是,宗教体验不会被认为与收集支持或反对科学解释的证据一样。

其次要考虑的一个重要事项是这样的。在截至目前所做的陈述中，我们已经假设，宗教通过表明上帝对好生活的行为发出了明确的指示，为道德价值提供了背书（如果确实如此的话）。从一方面说，这是真的。但在另一方面，情况并非如此。我们如果像许多人那样，认为宗教为道德上的好生活或个人成功的生活制定了规则，就犯了一个严重的错误，因为这种观点无论多么普遍，都与宗教行为准则的实际情况相背。我们在世界上各种宗教的圣典中发现，其内容很少明确与所谓的道德行为有关，与世俗成功有关的就更少了。

即使是人们最熟悉的例子也是如此。以十诫（Ten Commandments）为例，它们通常被认为是典型的宗教道德。这些诫命中的前四条涉及的是我们与上帝的关系，而不是我们与他人的关系，其余六条的意义也主要来自这一事实。或者想想基督的登山宝训（Sermon on the Mount）。虽然登山宝训经常被认为是一段道德说教，但事实上，它更关心的是如何祈祷和礼拜，而不是道德行为的细节。同样，《古兰经》中有很多关于如何坚持走神所规定的正道的说法，但其中只有一小部分与道德禁令有关，而大部分是与"呼求圣名"（calling upon the Name）有关。穆斯林的主要职责是祈祷和礼拜。锡克教经文也是如此。即使是佛教经典，虽然它们非常关注如何生活，但也是对从这个世界中解脱出来的宗教道路而不是在这个世界上成功生活的规则感兴趣。事实上，世界上的各大宗教主要关心的根本不是伦理，而是宗教生活本身。它们的目的不是使男人和女人变得正派或成功，而是使他们与神建立关系。

我们可以这样总结出两点。首先，宗教的源头在于经验，而经验不应被认为仅仅为一般的证据积累和阐释方式增添了更多内容。

其次，宗教所推崇的那种生活，虽然可能包含与道德对错、个人幸福和成就有关的要素，但却是一种独特的生活。这两点都表明，宗教经验和宗教行为为评估和理解其他类型的人类活动提供了一个背景。在宗教中，我们不是简单地扩展其他的关注点——科学的、道德的或个人的——而是改变视角。用大卫·F.斯文森（David F. Swenson）的话来说，宗教是一种"超凡脱俗的转化力量"。

这些考虑本身都没有为上述三个重要问题提供令人信服的答案。不过，它们可能做的，是引导我们开辟一条最终会提供回答这些问题的方法的思路。对此，我们将拭目以待。但同时，我们可以得出结论：宗教的重要性（如果它有的话），不是对自然现象给出更好的解释或对道德原则给出更可靠的保证，而在于提供一个赋予这些事物以意义的背景。

西绪弗斯神话

宗教主要关心的是人生的意义，这几乎是老生常谈。但哲学家们发现，在这种背景下，很难确定"意义"（meaning）到底是什么意思。"人生有意义吗"这个问题的意义本身可能受到质疑。探索相关问题的一个有用方法是思考西绪弗斯（Sisyphus）的故事——这是一个来自古代世界的经典神话，现今因阿尔贝·加缪关于人类生命意义的存在主义论文而闻名，他给这篇论文取名为《西西弗神话》①（*The Myth of Sisyphus*）。

---

① 《西西弗神话》原著为法文，法文书名中的 Sisyphe 译为西西弗，今遵从法文音译。——译者注

西绪弗斯是古希腊科林斯城（Corinth）的一位传奇国王。他被认为非常狡猾，人们认为他所为的最神奇的事迹之一是，当死神来带走他时，西绪弗斯设法把它捆了起来，这样就没有人死了，直到阿瑞斯（Ares）前来释放死神。最后，西绪弗斯因向凡人泄露神的秘密等罪行而被判处永恒的惩罚。我们感兴趣的是他受惩罚的形式。惩罚是这样安排的，西绪弗斯必须将一块大石头推上山坡，石头一到达顶部，就会滚落到底部，而西绪弗斯不得不从头再来。如此循环，永无止境。

重要的是要看到，西绪弗斯的工作之所以令人反感，并不是因为它们费力或乏味，而是因为它们概括出了一种无意义的经典形象。西绪弗斯按照神话所描述的方式度过的一生是毫无意义的，这就是为什么它是一种惩罚。其无意义产生于这样一个事实，即他被困在一种无休止的活动循环中，经此循环，他曾经做过的事情（把石头推上山）在不久之后就完全消除了（当石头再次滚下来时）。没有任何持久的东西完成或达到，这一事实使整个事情变得毫无意义。然而，由此看到西绪弗斯的生活确实毫无意义之后，我们同时也不妨问一问，什么会赋予它意义。

对加缪来说，这个故事的重要性在于我们所有的生活都是这样的。在一段著名的开场白中，他说：

> 只有一个真正严肃的哲学问题，那就是自杀。判断人生是否值得活下去，等于在回答哲学的根本问题。其他的……都是以后的事。
>
> （加缪《西西弗神话》，2000：11）

之所以产生意义的问题，是因为人类的处境是"荒谬、希望和死亡进行着对话"的状态。加缪对这种荒谬提出了一些可能的回应。其中的大多数都承认了存在的荒谬性，只不过这种承认可以采取不同的形式。一种最不值得钦佩的形式是顺从它，单纯地接受我们的"被抛"（thrownness，借用自海德格尔的一个术语），亦即我们居住在一个我们不过是在其中发现自己的世界。而另一种形式的承认，以一种狂热的方式抓住了存在的荒谬性，并享受着超过可供体验和消费的分量的东西，这种生活可以古老的格言"及时行乐"（carpe diem）为显著标志。第三种形式的承认是反抗存在偶然性的"荒谬的英雄"（absurd hero）。加缪在其论文的最后一章写道：

> 你已经明白了西绪弗斯是个荒谬的英雄。他之所以是荒谬的英雄，既因为他的激情，也因为他饱受的折磨。他对神明的蔑视，对死亡的憎恨，对生命的热爱，使他受到了无法形容的惩罚：他的整个生命都被耗费在注定一无所获之事上……西绪弗斯，这众神中的无产者，对此惩罚既无能为力又桀骜不驯，他完全清楚自己所处的悲惨境地，在下山时，他想到的正是这悲惨的境地。这份清醒，在造成西绪弗斯痛苦的同时，也造就了他的胜利。没有蔑视战胜不了的命运。因此，如果下山推石有时是在悲伤中进行的，那么它也可以在欢乐中进行……
>
> 一个人如果不想写一本幸福手册，就不会发现荒谬……然而，世界只有一个。幸福和荒谬是同一片大地的两个产儿。它们是不可分割的。单说幸福必然来自荒谬的发现，这是个错误。荒谬的感觉也恰好来自幸福。
>
> （加缪《西西弗神话》，2000：108-110）

加缪想区分对荒谬的态度，但其区分的标准是什么，我们并不清楚，因为最终由于这里描述的轻蔑态度产生了一种幸福，似乎它才是值得赞扬和重视的。根据他的分析，这是一种主观的心理状态，问题在于，这种心态可以通过其他方式实现。

美国哲学家理查德·泰勒（Richard Taylor）很好地阐述了这一点，他也详细讨论过西绪弗斯神话。泰勒对这个故事提出了两种可能的修改建议。假设在对西绪弗斯的任务和条件不做任何实质性改变的情况下，众神怜悯地给他注射了一种物质，这种物质有一种奇怪的特性，使他有了滚石头的欲望。因此，每当他在滚石头的时候，无论多么无意义，他都很高兴，而当石头再次滚下山时，他就变得焦躁不安，渴望再次开始他的劳作。西绪弗斯这种奇怪的欲望当然是非理性的，毕竟，这只是将那种物质注射到他体内的结果。但尽管如此，它还是为他将某种价值赋予了他的活动，因为欲望的存在使他能够对自己被判定要接受的生活获得了一定程度的满足。我们可以这样描述这种状况。西绪弗斯的生活具有主观价值，它包含了一些对他来说很重要的东西。然而，它仍然没有任何意义。无休止地滚动一块毫无价值的石头仍然毫无意义。活动本身没有任何变化。唯一改变了的是西绪弗斯对它的态度。我们可以这样表达这一点：客观地说，他现在的生活并不比以前有更多的意义。

但泰勒也提请我们考虑对这个故事的第二种修改建议。让我们想象一下，西绪弗斯不是把一块石头而是把一堆石头滚到山顶。这本身并不能改变这一活动的无意义性，但假设我们补充一点，西绪弗斯所滚动的石头在建造一座辉煌美丽的寺庙中起着关键作用。在这种情况下，他所有的努力就有了超出满足化学诱导的欲望的合理性。它们为一个独立于他个人满意感的项目做出了贡献。我们可以这样表达其中的差异：在这个故事的第二种修改建议中，西绪弗斯的活动有了客观的目标或意义，因为关于活动的事实而不仅仅是关于西绪弗斯的事实，已经发生了变化。

主观价值与客观意义

主观价值与客观意义之间的区别，其实与我们在第一章中已经遇到的区别类似，但对它在本章主题之下的应用需要做进一步研究。

我们可以看到，在西绪弗斯的例子中，主观价值充其量只能以非常有限的方式使他的活动有意义。鉴于众神已迫使他接受人生困境，他所拥有的这种奇怪欲望可能会让他更快乐，这无疑就是泰勒将其描述为众神怜悯之举的原因。但是，尽管他追求自己的幸福这一事实使他的活动更容易理解，但他要从这些事情中找到幸福仍然显得徒劳和愚蠢。的确，考虑到对这个故事的其他修改建议，可以理解的是，相比于第一个西绪弗斯，我们更同情这位西绪弗斯。因为他被设想为不仅喜欢滚石，而且认为它是最重要的。

在这一点上，他不像加缪笔下的西绪弗斯，那位西绪弗斯虽然受到惩罚，但至少可以在领受自己被惩罚的内容时，向众神挥舞拳头。泰勒笔下的新西绪弗斯不仅受到了惩罚，而且受到了欺骗。他没有意识到自己受惩罚的程度，也没有意识到自己生命的毫无意义。然而，加缪笔下的"荒谬的英雄"真的通过蔑视克服了他的处境吗？这不是正确的方式。我怎么能通过认识到我的生命的终极无意义而使它有意义呢？也许是这样的，正如加缪所说，轻蔑的领受带来了一种快乐，但另外两个西绪弗斯也是快乐的。

现在考虑一下客观意义。设想西绪弗斯如此费力地推到山顶的石头确实被用于搭建一座壮观的建筑，但同时设想西绪弗斯不知道这一点。这样的话，虽然他的劳作确实有意义，但他自己却看不到。他的存在和活动在主观上仍然毫无价值。他无法从中得到满足，对他来说，生活将像以前一样，是一轮毫无意义的苦差事。

如果这一分析是正确的，那么，无论是提供主观价值还是提供客观意义，似乎都不足以挽救西绪弗斯的命运。这两者必须都具备：他所做的事情符合某种目的或意图，而且他知道并希望如此。只有在这些条件下，他才能真正具备一种完全有意义的存在。

适用于西绪弗斯故事的，其实就是我们在本书前面几个地方得出的结论。我们看到，利己主义是有缺陷的，部分原因是它建立在主观欲望和客观欲望之间的分离之上。同样，快乐不足以作为善的试金石，因为利己主义也承认主观快乐和客观善完全分离的可能性。试图在纯粹主观性中找到客观性的存在主义也是有缺陷的。而康德主义和功利主义的错误则在另一个方向上。二者都建立了客观的好与坏、对与错的评价体系，但都没有解释它们如何产生主观价值，即对它们所适用的那些人的价值。

如果这是正确的，那么对有意义的生活的任何充分描述，以及对由此引申出来的好生活的任何充分描述，都必须同时为客观意义和主观价值提供基础。一些哲学家认为这是不可能的。例如，美国哲学家托马斯·内格尔（Thomas Nagel）在一篇被广泛讨论的题为《荒谬》（The Absurd）的文章中认为，客观的观点和主观的观点是相互排斥的。由此可以得出结论，我们不能合理地寻求将二者结合起来的任何方法。但是，内格尔接着辩称，无论如何，感觉到需要这样做是一种思维混乱。作为能够对主观参与采取客观观点的生物，人类易于产生生活是荒谬或无意义的感觉。但是，我们只有坚持将客观观点错误地应用于只能承认主观价值的事情，才应该担心这一点。不出所料，它们没能通过测试。根据内格尔的观点，对人类来说重要的东西不能在其他更客观的意义上被证明是重要的。但他也认为，不需要证明它在客观上是重要的，因为它是在唯一要紧的方面（即主观方面）重要。内格尔在《无源之见》(*The View from Nowhere*)① 和《遗书》(*The Last Word*)② 中对这些主题进行了更详尽的论述。

我们一直在关注理查德·泰勒对西绪弗斯神话所做的发挥，他并不认为客观意义和主观意义在原则上是相互排斥的。但他确实认为主观意义更好，因为客观意义是无法获得的。要明白他为什么这么想，我们需要再看看这个故事。在一种修改建议中，西绪弗斯仍然被判罚去重复那种终将一无所获的操作，但他被处理成对自己的命运感到满意。在另一种修改建议中，他的活动被赋予了一个目的，即它对一座宏伟建筑的因果贡献。但泰勒说，我们如果进一步思考这一点就会发现，这样的建筑尽管存续时间更长，但也容易遭到破坏。无论我们认为人类的一项成就有多么伟大——埃及金字塔或罗马帝国——我们都知道，随着时间的流逝，它们最终都化为了乌有。例如，阿加德（Agade），古代帝国阿卡迪亚（Akkadia）的首都，是"有史以来人类亲手建造的最宏伟的城市之一……［它］拥有最宽的运河、最大的城门、最多的人口和一座金字塔状的寺庙，寺庙底部有 200 英尺宽。然而，这座城市没有一块砖是屹立不倒的……［而且］考古学家无法在十英里范围内猜测出国王宫殿曾矗立的位

---

① 中译本译为《本然的观点》。——译者注
② 中译本译为《理性的权威》。——译者注

置"〔佩里格里诺（Pelligrino）《重返罪恶之城》（*Return to Sodom and Gomorrah*），1994：128〕。因此，在现实中，那些我们倾向于列为最有价值和最可持久的活动，只不过是一个不断重复的创造和衰败之循环的一部分，而真正使它们有价值的，不是别的，正是这一事实：我们对它们（它们就是我们的活动）感到自豪和满足。

如果这是真的，那么我们一直在探讨的对西绪弗斯神话的两种修改建议并没有真正为我们提供主观价值和客观价值之间的选择。二者都使西绪弗斯的生活在主观方面具有价值和意义。在泰勒看来，二者都不能赋予它客观价值，因为没有什么是永恒的。当然，泰勒并不否认对客观意义和客观价值的追求是人类生活的一个显著组成部分。他引用了著名的基督教赞美诗：

> 四周所见，尽是败坏变故；
> 恳求不变之神，与我同驻！

但他认为，尽管渴望与永恒的统一是人类的一个显著特征，然而它终将是徒劳的。它的满足只能存在于一个"既没有痛苦也没有悲伤"的世界里，但在那里，所有的追求、奋斗和创造也都停止了。因此，在那里，十足的无聊将吞噬我们。如果有一种生活比西绪弗斯的生活更糟糕，那就是那种我们什么都不做的生活。

宗教视角

加缪、泰勒和内格尔，以不同的方式拒绝了一个共同的愿望，即宗教可以提供一种视角，在这种视角之下，我们可能有望将客观意义和主观价值结合起来。然而，应该立即指出的是，无论他们在这一点上是对还是错，并不是所有的宗教都能提供这样的视角。例如，这种视角的可能性恰恰是佛教所否认的。与其他东方宗教一样，佛教认为人类被困在一个无情转动的生存之轮中，我们被不断去做、去制造、去实现的欲望所束缚。但是，人类的这种欲望或渴望永远无法完全得到满足，因为欲望必然会带来贫乏和受挫的可能性。我们所做的一切必然都是无常的。

当佛陀坐在菩提树（Bo tree）下时，他所觉悟的宗教启示的秘密，那就是抑制欲望，系统地消除我们对世界的所有执著。在这样的转离中，我们得到了解脱（moksha）（要达到解脱可能需要好几辈子的时间），并最终进入涅槃（Nirvana），涅槃这个词既包含了虚无的观念，也包含了天堂的观念。因此，佛教的理想在个人消亡中找到了最高价值（这是否意味着完全消亡是另一回事）。在这样做时，它完全贬低了主观价值，因为毕竟，正是这些主观价值使我们束缚在无休止的出生、死亡和重生的循环中。值得注意的是，虽然西方智者习惯于认为宗教信仰蕴含着一种信念和希望，即我们将从永恒的死亡中被拯救出来并获得永生，但东方宗教的信仰是，在一切事物都不发生变化的情况下，我们确实永远活着，我们正是必须从这种可怕的命运中寄望精神来拯救我们。

因此，只有某些宗教才有可能提供我们正在寻找的那种视角，其中主要是西方那些一神论宗教——犹太教、基督教和伊斯兰教。这三者都有一个共同的根源，即古代以色列人的宗教。古代犹太教的精髓可以在希伯来经文中找到，众所周知，这些经文的开篇名为《创世记》（Genesis），这个名字实际上意味着原初的创造。

从《创世记》的开头几章可以很清楚地看出，首要的是，它的作者（们）打算将万物的创造归功于上帝；而上帝的创造是从无到有（ex nihilo）的。因此，我们被告知，在创造开始之前，一切都是"空虚混沌的"。同样清楚的是，随着事物的出现，对其适足性的检验，是从上帝的创造目的的角度来看的，上帝是否认为它们是好的。上帝实际上创造了"好"（good）。在这里将其与人类的创造进行类比可能有启发意义。当一个有成就的艺术家画一幅画，或者一个有天赋的作曲家写一首曲子时，他们作品的整个背景使它的每个部分都"适合"（right）其出现的地方。他们的天才之处在于，他们能构建出一系列声音和视觉模型，而这些模型恰到好处地完美。只不过这种完美并不是独立于作品之外的东西，它源于每个部分对整体的贡献。

对于神的创造，也可以给出类似的解释。上帝的任何一件作品，其价值都来自它在整个创世故事和创造模型中的位置。当谈到创造人类时，我们被告知人是"按照上帝的形象"造出来的，因此能够欣赏和使用被上帝创造出来的好事物。但是，众所周知，创造之后是堕落，这一事件的影响是打破了上帝与人之间的一致性，在创造的基本原则和人类心理之间引起了分歧的可能性。三大一神论宗教的后续发展可以被合理地解释为试图去理解如何修复这种裂痕。

无论我们如何看待创世故事及其与当代科学的关系，无论是作为精神神话还是原始宇宙学（primitive cosmology）（或二者兼而有之），都不难看出它与本章主题有何关系。如果上帝无中生有地创造了"好"，那就没有任何道理说"好"可以独立于他的意志。与此同时，如果人类有背离创造原则的自由，我们就可以很容易想象这样的情况：他们主观上渴望得到与上帝的创造行为为他们准备的有所不同的某些东西。因此，在某种意义上，客观上好的东西和主观上好的东西是可以分开的。当然，理想的状态是这样的：人类自己想要的东西，通过他们自己的创造得到了，这也是上帝业已为他们安排好的，实现这一点，正是谈论拯救和救赎的全部意义所在。

我们不需要直接关心自己该如何理解这个宇宙故事以及其中有什么真相这样的难题。对此，感兴趣的读者可以在我的《过去的形状》(*The Shape of the Past*)一书中找到一些进一步的讨论。在这里，我们的目的是勾勒出一种宗教视角的轮廓，以便看看它能否在原则上解决价值哲学中的那些难题，而诉诸宗教就是为了解决这些难题。要就这个问题给出答案，我们需要再看一下前面提到的三个难题。

重新审议三大难题

这三大难题分别是"恶"的问题、宗教知识的问题和游叙弗伦困境。要了解刚刚概述的那种宗教视角如何提供解决这些难题的方法，首先需要强调的是，起作用的"好"这个基本概念本身就是一个宗教概念。从宗教的角度来看，所有人类思想和活动的最终目的一定是让我们回到我们在创造中的适当位置，从而与上帝——万物之源——恢复和谐的关系。

对于那些采用它的人来说，这种思维方式对"恶"的问题提出了不同的看法。首先，虽然我们通常称为恶的事物——痛苦、堕落、死亡——确实是不好的，但现在，严格来说，恶的东西必须被认为是阻碍恢复与上帝关系的那些东西。痛苦和死亡可能是恶，因为它们确实可能造成这类障碍。人们常常因为自己的苦难和希望的破灭而变得愤懑和怨恨。但事实并非必然如此。正如我们早些时候指出的那样，一个引人注目且重要的事实是，灾难性的事件非但不会摧毁宗教信仰，反而往往会通过产生一种完全依赖的感觉来加强宗教信仰。有时，我们也可以通过体面地接受发生在我们身上的坏事来克服它们。文学作品中充满了这样的故事，其重点是展示同样的客观遭际（例如战争）如何在摧毁一个人的同时，在风度和勇气上将另一个人提升到近乎超人的水平。

其次，我们如果采纳了宗教的视角，则必须理解"上帝之爱"的概念，它与普通版"恶"的问题所假定的概念有所不同。说上帝是无限爱的意思是，他想要并且时刻准备与他创造的众生建立一种共融关系——字面意思是"合一"（being at one）。因此，质疑上帝永恒之爱的真实性，就是怀疑他是否真的想要与他的创造物建立这样的关系。但是，如果上述关于恶的第一点被认为是正确的，我们就不能恰当地得出结论说，一般日常意义上的恶的存在确实是反对上帝之爱的证据。毫无疑问，与神建立某种适当的关系并不容易，但要表明上帝不爱我们，则我们必须表明，在某些背景和场合之下，上帝之爱根本是不可能的，而这是死亡、堕落和痛苦的存在本身并不能表明的。只要这些事可以克服是真的，它们就不构成反对上帝之爱的证据。

因此，从宗教的视角来看，"恶"的问题并不是人们通常认为的那样。当然，这并没有使死亡、毁灭等等更容易被容忍。"大屠杀时上帝在哪里？"从宗教的视角来看，至今，这仍然是一个重要而又令人深感不安的问题，因为我们无法想象受害者或行凶者如何才能寻找和发现上帝。但这个问题的答案，如果有的话，也不可能存在于为那段骇人的历史时期所做的任何形式的开脱或辩解之中。相反，宗教反思必须表明，如果可以的话，如何克服巨大如斯的恐怖。

诉诸宗教视角也对宗教知识问题产生了不同的看法。当然，宗教导师们对人类行为的规定确实存在很大差异。但这样说似乎大致正确：它们都可以被描述为消除障碍以恢复与上帝的恰当关系。因此，宗教导师们有着共同的目标。只是关于如何实现这一目标，他们存在分歧，但从哲学层面上说，他们在这方面的分歧并不比科学家和历史学家在使用哪种研究方法上的分歧更显著。

诚然，在许多情况下，宗教差异比这种类比所表明的差异更为根本，但是，想必宗教探索比科学探索更具野心。这里没有足够的篇幅来全面讨论这个问题，但在我们能够认为宗教差异（不像科学差异）最终是无法解决的之前，需要证明的是，在宗教认知上没有任何方面的进展可以与科学认知上的进展相提并论，我们从来没有充分的理由放弃原先被广泛接受的宗教教义和条规。就我而言，我认为这是无法证明的。如果这是正确的，我们就可以说，种类繁多的宗教教义和条规，尽管呈现了实践上的困难，但其本身并不代表对宗教知识观念的哲学异议。

宗教知识问题导致了游叙弗伦困境，因为它提出，在试图理清不同宗教间相互冲突的主张时，我们别无选择，只能求助于其他更常见的有关好与坏的评判标准。现在我们可以看出这是一个错误。确实有一个宗教的标准可用来评判它们，即每个宗教条规是否足以消除与神的关系的真正障碍。然而，这里还有另一种问题。我们可以概括地说明一下这个检验。但是，我们如何知道它什么时候被满足了呢？在我看来，这个问题的答案只能诉诸人类的宗教体验。对宗教生活的建议的适当检验，必须采取评估的形式，即评估它们是否正确概括了普通信徒和宗教神秘主义者的言论和感受，以及它们是否真的开辟了通往这种体验的道路。当然,需要即刻说明的是,许多人认为宗教体验是虚幻的,信徒和神秘主义者是被迷惑的。这些都是重要的、需要探究清楚的主张,但这不是一个可以在这里做进一步讨论的话题。

就当前的目的而言,重要的是,要看到诉诸宗教视角,通过给出选择两难的一方而非另一方的一个理由,并没有摆脱游叙弗伦困境。相反,它提供了一种不同的"好"观念,根据这一观念,我们可以评估那些我们通常认为"好"和"坏"的事物的相对重要性。再考虑一下其与人类创造活动的相似之处,就拿写作剧本来说,想象一下一个剧本显然只留存下残缺不全的一部分。虽然作为一个整体的剧本丢失了,但人们仍然表演和欣赏其中的片段,并对其中包含的人物和事件的各自优点有自己的估计。人们时而又发现了另一个片段,直到有一天,找齐了整个剧本的文本。这为我们理解已经拥有的片段提供了全新的视角。此外,它以一种不同的方式改变了我们的视角,在整个剧本之中,另一个片段的获得将产生不同的影响,因为它向我们揭示了情节,从而揭示了剧本的意义。反过来,这又导致了对旧有片段的重估。它们并没有失去给人带来乐趣的能力,但这种乐趣现在因对它们在整个作品中的相对重要性的理解而有所调和。

相似之处是这样的。我们已经看到,在思考好生活时,在个人幸福和满足的要求与公正地尊重他人利益的要求之间存在着某种分裂。我们可以看到两者都很重要,但不太清楚如何把它们结合在一起。我们一直在研究的世俗哲学的问题在于,它们似乎都无法就此给出一个答案。然而,从宗教的视角来看,我们可以看到如何提供一个答案。在重建与神的交融关系中,个人的幸福和对他人道德上的体面行为都有其作用。然而，二者都不能独立于对这种交融做出的贡献而被认为与此目的一致，或被认为是好的。在神学家所谓的"神圣经济"（the divine economy）中，个人幸福和对他人的尊重都很重要，但它们取得自己的重要性和相对重要性，都来自它们在救赎任务中的位置。

客观与主观的统一："哪里可以找到真正的快乐"

现在可以解释诉诸宗教如何能够克服主观价值和客观意义之间的紧张关系了。如果对这些特定宗教的概述属实，那么就有一个神定的目的解释了宇宙的本质和客观意义。然而，同样属实的是，虽然上帝的目的只有在人类自愿合作的情况下才有可能实现，但人类在这方面的自由允许他们背离上帝的命定——如果他们这样选择的话。最终，最令人满意的世界是这样子的：在这个世界中，人类想要遵循神定的秩序，从而在神圣的目的中找到最大的主观价值。这样，用一句习语来形容就是：事奉上帝即完全的自由。在宗教视角中，完全顺服于上帝是人类免于罪恶和死亡的条件。实现这种宗教上的顺服是伊斯兰教的整体目标，这个词实际上意味着"服从"（submission），其信徒被称为"穆斯林"（Muslim），即遵循"正道"（the straight path）的人。这也是下述古老的基督教祷词所表达的一种宗教愿望：

全能的上帝啊，唯有你能整饬罪人不守规矩的意志和感情：请赐予你的子民，使他们喜爱你所吩咐的，渴望你所应许的；这样，在世界的纷繁多变中，我们的心必有定所，在那里可以找到真正的快乐。

无论如何，这是宗教视角下的一种看法，也是它用以克服前几章中遇到的一些难题的一种看法。不幸的是，即使它确实解决了一些问题，它也带来了其他同样严重的问题。其中之一就是理解宗教思想和语言有极大的难度。对许多人来说，宗教的"洞见"(insight)只能通过故弄玄虚的置换来实现。就他们而言，宗教理论是一个用更模糊的东西来解释模糊的东西(obscurum per obscurius)的好例子。情况并非总是如此，但即使在宗教语言似乎不难理解的时候，宗教思想也需要高度的形而上学理论化。例如，关于上帝与世界的关系，它需要调用超出我们日常感知的整个世界。因此，在关于好生活的道德哲学中，将诉诸宗教作为解决问题的方式，可能会被它引发的更大的问题所抵消。

更重要的是，宗教信仰不仅源于知识分子的探究和猜测，而且源于宗教感受和体验。人们很少（如果有的话）被说服去信仰宗教。如果没有这一关键因素，宗教思想可以说是毫无生气的，而它们所产生的理论问题似乎只不过是知识分子的好奇心使然。因此，仅仅基于哲学论证，诉诸宗教是不可能成功的。此外，在许多宗教人士那里，对宗教思想的哲学探索是非常不受欢迎的，他们宁愿依赖教会的权威或个人的"信念"(faith)。诚然，当代许多知识分子的探究都源于基督教，但包括基督教在内的宗教史也确实对知识分子的批评充满了敌意。从世俗的怀疑论和不加反思的宗教这两种观点来看，这最后一章的内容并没有提出可行的解决方案。对于那些持其中任何一种观点的人来说，宗教不能也不应该被期望完成一项哲学任务。

然后，对于一些人来说，宗教信仰可能会为我们一直在关注的问题提供进一步的探索途径。对另一些人来说则不然。但是，如果我们回到上一章的结尾并止步在那里，一个严重的问题依然存在：如何协调利己主义的个人幸福要求与利他主义的道德要求？问这个问题就是在问是否有所谓的好生活。道德高尚的生活和个人幸福的生活是截然不同的好生活观念，难道不是这样吗？但如果是这样，那我们应该选择哪一个？又如何解决它们之间的冲突？

诉诸宗教思想是为了克服这一冲突，但它带来的是难以理解的思想。如果我们确实认为宗教所激活的思想过于深奥和令人困惑，无法提供多少启示，那么以下选择就会出现。首先，我们可以学着接受这种二分法。事实上，大多数人都是这么做的。他们最注重的是个人关切，也对他们认为的道德要求有所关注。这样的人还算过得去，但从哲学的角度来看，他们的生存方式并不是令人满意的，因为它是极不连贯的。不过，他们可能并不顾虑哲学。

对于那些重视哲学思考的人来说，第二种选择出现了——选择一种观念或另一种观念，就像康德选择纯粹实践理性的命令一样。然而，反对这一替代方案的理由是，所有的论证似乎都表明，这两种选择本身都不完全令人满意。

论证似乎表明了这一点，但这是真的吗？这就提出了第三种可能性，即重新审视这些论证，亦即让我们回到起点，尽可能审慎地重新考虑道德哲学问题。读到一本书的结尾并得到这个结果，起初可能会令人沮丧。整件事值得吗？然而，这第三种选择实际上是恰当的哲学选择，也是这本书本身最有保证的选择。那些深陷论证之中的人会非常清楚地看到，这里有无数问题需要反反复复地探究。哲学是一门宏大而古老的学科。虽然这本书充斥着结论，但它可以被恰如其分地称为一个导言。

拓展阅读建议

一、原始文献

柏拉图（Plato）：《游叙弗伦篇》（*Euthyphro*）

大卫·休谟（David Hume）：《自然宗教对话录》（*Dialogues Concerning Natural Religion*）

约翰·斯图亚特·密尔（John Stuart Mill）：《宗教三论》（*Three Essays on Religion*）

阿尔贝·加缪（Albert Camus）：《西西弗神话》（*The Myth of Sisyphus*）

二、评论

大卫·奥康纳（David O'Connor）：《休谟论宗教》（*Hume on Religion*）

理查德·泰勒（Richard Taylor）：《善与恶》（*Good and Evil*）

三、当代讨论

约翰·科廷厄姆（John Cottingham）：《论人生的意义》（*On the Meaning of Life*）

戈登·格雷厄姆（Gordon Graham）：《恶与基督教伦理》（*Evil and Christian Ethics*）

托马斯·内格尔（Thomas Nagel）：《遗书》（*The Last Word*）

约翰·霍尔丹（John Haldane）：《聪明人的宗教指南》（*An Intelligent Person's Guide to Religion*）

朱利安·杨（Julian Young）：《上帝之死与人生的意义》（*The Death of God and the Meaning of Life*）

参考文献

以下参考文献包含了文中讨论或提到的几乎所有著作，以及那些在拓展阅读建议中列出的著作。如果作者姓名后面的括号中出现了两个出版日期，那么第一个是指原文初版日期，第二个是指使用和（或）推荐的翻译或编辑版出版的日期。

Aristotle (2002) *Nichomachean Ethics* (translation, introduction and commentary by Sarah Broadie and Christopher Rowe), Oxford, Oxford University Press.
Arendt, H (1963, 1994) *Eichmann in Jerusalem: A Report on the Banality of Evil*, New York, Penguin.
Baillie, J (2000) *Hume on Morality*, London and New York, Routledge.
Bentham, J (1789, 1960) *A Fragment of Government* and *Introduction to the Principles of Morals and Legislation* (edited by Wilfred Harrison), Oxford, Basil Blackwell.
Camus, A (1942, 2000) *The Myth of Sisyphus*, London, Penguin.
Cottingham, J (2003) *On the Meaning of Life*, London and New York, Routledge.
Crisp, R (1997) *Mill on Utilitarianism*, London and New York, Routledge.

Danto, A (1975) *Sartre*, Fontana Modern Masters, Glasgow, Collins.
Dickens, C (1838, 1966) *Oliver Twist*, World Classics, Oxford, Oxford University Press.
Foot, P (2001) *Natural Goodness,* Oxford, Clarendon Press.
Gardiner, P (1988) *Kierkegaard*, New York, Oxford University Press.
Gautier, D (1986) *Morals By Agreement*, Oxford, Clarendon Press.
Geach, P (1969) *God and the Soul*, London, Routledge.
Godwin, W (1793, 1971) *Enquiry Concerning Political Justice* (edited and abridged K C Carter), Oxford, Clarendon Press.
Gosling, J C B (1982) *The Greeks on Pleasure*, Oxford, Clarendon Press.
Graham, G (1997) *The Shape of the Past: A Philosophical Approach to History*, Oxford and New York, Oxford University Press.
—— (2001) *Evil and Christian Ethics*, Cambridge, Cambridge University Press.
Haldane, J (2003) *An Intelligent Person's Guide to Religion*, London, Duckworth.
Hanfling, O (1988) *The Quest for Meaning*, Oxford, Basil Blackwell.
Harman, G (1977) *The Nature of Morality: An Introduction to Ethics*, New York, Oxford University Press.
Harrison, R (1983) *Bentham* (The Arguments of the Philosophers series, edited by Ted Honderich), London, Routledge & Kegan Paul.
Hegel, G W F (1821, 1991) *Elements of the Philosophy of Right* (ed. Allen Wood, translated by H B Nisbet), Cambridge, Cambridge University Press.
Hibbert, C (1988) *The Personal History of Samuel Johnson*, Harmondsworth, Penguin.
Hobbes, T (1651, 1960) *Leviathan* (edited with an Introduction by Michael Oakeshot), Oxford, Basil Blackwell.
Hollingdale, R J (1985) *Nietzsche: The Man and His Philosophy*, London, Routledge.
Howells, C (1992) *The Cambridge Companion to Sartre*, Cambridge, Cambridge University Press.
Hughes, G J (2001) *Aristotle on Ethics*, London and New York, Routledge.
Hume, D (1779, 1966) *Dialogues Concerning Natural Religion*, in *Hume on Religion* (selected and introduced by R Wollheim), London and Glasgow, Collins.
—— (1739, 1967) *A Treatise of Human Nature* (reprinted from the original edition in three volumes and edited with an analytical index by L A Selby-Bigge), Oxford, Clarendon Press.
—— (1741–2, 1974) *Essays Moral, Political and Literary*, Oxford, Oxford University Press.
Hutcheson, F (1725, 1973) *Inquiry into the Original of Our Ideas of Beauty and*

Virtue (edited by Peter Kivy), The Hague, Nijhoff.
Kant, I (1785, 1959) *Foundations of the Metaphysics of Morals* (translated, with an introduction, by Lewis White Beck), Indianapolis, Bobbs-Merrill Educational Publishing.
Kaufman, W (1968) *Nietzsche: Philosopher, Psychologist, Anti-Christ* (third edition), Princeton, Princeton University Press.
Kierkegaard, S (1938) *The Journals of Søren Kierkegaard* (translated by Alexander Dru), New York, Oxford University Press.
—— (1843, 1983) *Fear and Trembling / Repetition* (edited and translated with an introduction and notes by Howard V Hong and Edna H Hong), Princeton, Princeton University Press.
—— (1843, 1992) *Either / Or: A Fragment of Life*, Harmondsworth, Penguin Books.
—— (1846, 1992) *Concluding Unscientific Postscript to Philosophical Fragments*, Volume I (edited and translated with an introduction and notes by Howard V Hong and Edna H Hong), Princeton, Princeton University Press.
—— (1846, 1992) *Concluding Unscientific Postscript to Philosophical Fragments*, Volume II (edited and translated with an introduction and notes by Howard V Hong and Edna H Hong), Princeton, Princeton University Press.
—— (1846, 1964) *Concluding Unscientific Postscript to Philosophical Fragments* (edited and translated with an introduction and notes by David Swenson and Walter Lowrie), Princeton, Princeton University Press.
Korsgaard, C (1996) *The Sources of Normativity*, Cambridge, Cambridge University Press.
Laerteus, D (1925) *The Lives of the Philosophers* (translated by R D Hicks), London, Heinemann.
Leiter, B (2002) *Nietzsche on Morality*, London, Routledge.
Lessnoff, M (1986), *Social Contract*, London, Macmillan.
Lippitt, J (2003) *Kierkegaard and Fear and Trembling*, London, Routledge.
Lloyd-Thomas, D A (1995) *Locke on Government*, London and New York, Routledge.
Locke, J (1690, 1960) *Two Treatises of Government* (a critical edition with introduction and notes by Peter Laslett), New York, Cambridge University Press.
Long, A A and Sedley, D N (1987) *The Hellenistic Philosophers* (Vol. 1), Cambridge, Cambridge University Press.
Lorenz, K (1963) *On Aggression*, London, Methuen.
Lyons, D (1965) *Forms and Limits of Utilitarianism*, Oxford, Clarendon Press.

MacIntyre, A (1967) *A Short History of Ethics*, London, Routledge.
—— (1971) *Against the Self-Images of the Age*, London, Gerald Duckworth & Co. Ltd.
—— (1981) *After Virtue*, London, Gerald Duckworth & Co. Ltd.
—— (1999) *Dependent Rational Animals: Why Human Beings Need the Virtues*, London, Gerald Duckworth & Co. Ltd.
Mackie, J L (1977) *Ethics: Inventing Right and Wrong*, Harmondsworth, Penguin Books Ltd.
Manser, A (1966) *Sartre*, London, Athlone Press.
Mill, J S (1969) *Three Essays on Religion* (Collected Works, Vol. 10, edited by J M Robson), Toronto, University Press.
—— (1871, 1998) *Utilitarianism* (edited by Roger Crisp), New York, Oxford University Press.
Moore, G E (1903, 1960) *Principia Ethica*, Cambridge, Cambridge University Press.
Nagel, T (1970) *The Possibility of Altruism*, Oxford, Clarendon Press.
—— (1979) *Mortal Questions*, Cambridge, Cambridge University Press.
—— (1986) *The View From Nowhere*, New York, Oxford University Press.
—— (1997) *The Last Word*, New York, Oxford University Press.
Nietzsche, F (1895, 1889, 1968) *Twilight of the Idols* and *The Anti-Christ* (translated by R J Hollingdale), London, Penguin Classics.
—— (1887, 1994) *On the Genealogy of Morality* (edited by Keith Ansell-Pearson), Cambridge, Cambridge University Press.
—— (1887, 2001) *The Gay Science* (edited by Sir Bernard Williams), Cambridge, Cambridge University Press.
—— (2003) *Writings from the Late Notebooks*, Cambridge, Cambridge University Press.
O'Connor, D (2001) *Hume on Religion*, London and New York, Routledge.
Pappas, N (1995, 2003) *Plato and the Republic*, London, Routledge.
Parfit, D (1984) *Reasons and Persons*, Oxford, Clarendon Press.
Paton, H J (1947) *The Categorical Imperative*, London, Hutchinson.
Pelligrino, C (1994) *Return to Sodom and Gomorrah*, New York, Random House.
Plato (1955) *The Republic* (translated by Desmond Lee), London, Penguin Classics.
—— (1960) *The Gorgias* (translated by Walter Hamilton), London, Penguin Classics.
—— (1973) *Euthyphro*, in *The Last Days of Socrates* (translated with an introduction by Hugh Tredennick), Harmondsworth, Penguin Books.
Rand, A (1989) *The Virtue of Selfishness*, New York, Signet Books.
Rawls, J (1973) *A Theory of Justice*, Oxford, Oxford University Press.

Sartre, J-P (1943, 1957) *Being and Nothingness* (translated by Hazel Barnes), London, Methuen.

—— (1946, 1973) *Existentialism and Humanism* (translated by Philip Mariet) London, Methuen.

Searle, J (1964, 1967) 'How to derive "ought" from "is"' in *Theories of Ethics* ed. P Foot, Oxford, Oxford University Press.

Smart, J J C and Williams, B (1973) *Utilitarianism For and Against*, Cambridge, Cambridge University Press.

Smith, M (1994) *The Moral Problem*, Oxford, Blackwell.

Stratton-Lake, P (2000) *Kant, Duty and Moral Worth*, London and New York, Routledge.

Taylor, R (1970) *Good and Evil*, New York, Prometheus.

Williams, B (1985) *Ethics and the Limits of Philosophy*, London, Collins.

Wilson, E O (1975, 2000) *Sociobiology: The New Synthesis*, Cambridge, MA, The Belknap Press of Harvard University Press.

—— (1978, 1995) *On Human Nature*, London, Penguin Books.

Young, J (2003) *The Death of God and the Meaning of Life*, London and New York, Routledge.

Eight Theories of Ethics by Gordon Graham

ISBN：9780415315890

© 2004 Gordon Graham

Authorized translation from the English language edition published by Routledge, a member of the Taylor & Francis Group. All rights reserved. 本书原版由 Taylor & Francis 出版集团旗下 Routledge 公司出版，并经其授权翻译出版，版权所有，侵权必究。

China Renmin University Press is authorized to publish and distribute exclusively the Chinese (Simplified Characters) language edition. This edition is authorized for sale throughout the mainland of China. No part of the publication may be reproduced or distributed by any means, or stored in a database or retrieval system, without the prior written permission of the publisher. 本书中文简体翻译版权授权由中国人民大学出版社独家出版并仅限在中国大陆销售，未经出版者书面许可，不得以任何方式复制或发行本书的任何部分。

Copies of this book sold without a Taylor & Francis sticker on the cover are unauthorized and illegal. 本书封面贴有 Taylor & Francis 公司防伪标签，无标签者不得销售。

北京市版权局著作权合同登记号：01－2023－3597

图书在版编目（CIP）数据

何谓好生活？：伦理学的回答 /（）戈登·格雷厄姆（Gordon Graham）著；涂江波译 . -- 北京：中国人民大学出版社，2025.3. --（明德经典人文课）.
ISBN 978-7-300-33648-0

Ⅰ.B82

中国国家版本馆 CIP 数据核字第 2025VJ5500 号

明德经典人文课
何谓好生活？
伦理学的回答
戈登·格雷厄姆（Gordon Graham） 著
涂江波 译
Hewei Haoshenghuo?

出版发行	中国人民大学出版社		
社　　址	北京中关村大街 31 号	邮政编码	100080
电　　话	010-62511242（总编室）	010-62511770（质管部）	
	010-82501766（邮购部）	010-62514148（门市部）	
	010-62515195（发行公司）	010-62515275（盗版举报）	
网　　址	http://www.crup.com.cn		
经　　销	新华书店		
印　　刷	天津中印联印务有限公司		
开　　本	720 mm×1000 mm 1/16	版　次	2025 年 3 月第 1 版
印　　张	16.5 插页 2	印　次	2025 年 3 月第 1 次印刷
字　　数	217 000	定　价	79.00 元

版权所有　侵权必究　印装差错　负责调换